从零开始学
视频
文案创作

闫春红 著

U0313955

化学工业出版社

·北京·

内容简介

想加入视频文案创作的队伍，却不知如何开始；进行视频文案创作，却不知该从何处下笔；从事视频行业多年，想要突破瓶颈、提升专业水平……

《从零开始学视频文案创作》中，作者精心总结优质视频文案的特点，并将近20年的实际工作所得进行了总结和分享。全书内容分三个部分：视频文案创作基础、写好视频文案的19个技巧及案例解析。读者通过对本书的学习，可以了解视频文案的诞生过程、视频文案的基本特征和创作要求、创作中的关键节点，以及如何规避文案创作中的误区和弯路。书中还附有二维码，读者可扫码观看实例视频，便于加深对内容的理解。

本书适合文案创作者、视频创作者，尤其是初入门的从业人员参考阅读，也可供相关专业师生学习参考。

图书在版编目（CIP）数据

从零开始学视频文案创作 / 闫春红著. — 北京：
化学工业出版社，2021.7
ISBN 978-7-122-39065-3

Ⅰ．①从… Ⅱ．①闫… Ⅲ．①网络营销-营销策划
Ⅳ．①F713.365.2

中国版本图书馆CIP数据核字（2021）第080943号

责任编辑：王清颢　　　　　　　　装帧设计：景　宸
责任校对：杜杏然

出版发行：化学工业出版社（北京市东城区青年湖南街 13 号　邮政编码 100011）
印　　装：三河市延风印装有限公司
710mm×1000mm　1/16　印张 14　字数 164 千字　2021 年 9 月北京第 1 版第 1 次印刷

购书咨询：010-64518888　　　　　　售后服务：010-64518899
网　　址：http://www.cip.com.cn
凡购买本书，如有缺损质量问题，本社销售中心负责调换。

定　　价：59.90 元　　　　　　　　　　　　　　　版权所有　违者必究

前言

这是一个属于视频的时代。

近百年前,电视诞生了。它因为家庭化、观看随意、普及性强等特点,在电影的基础上加剧了人类信息交流模式的转变。按照传统的说法,影视不分家,它们从属于同一个视听语言体系。但是随着网络文化的兴起,尤其是近年来短视频的流行,视频文化已经成为一种相对独立的社会现象。

人们通过视频学习知识、获取信息、休闲娱乐,也用视频制造流量、赚取收益。当视频的需求越来越多,当观众的审美品位逐渐趋于成熟,视频制作从业者们就面临着越来越大的挑战。视频的创作涉及前期策划、拍摄、制作、运营等多个环节。这其中,有一个环节似乎总是处于隐藏性质之中,这就是文案写作。

从广义上来讲,"视频文案"的定义既可以是创作脚本,又可以是策划、运行类的各种方案,还可以指代这项职业。在这之中,与视频创作本身紧密相关的是脚本和策划文案。本书就撷取脚本和策划文案这两个方面作为剖析对象。因为脚本难度较大、可用技巧较多,所以将更偏重于对视频脚本写作的解析。

如今,优秀视频层出不穷,但出色的文案却依然稀缺。而随着视频创作需求的迅速增长,大量新入行或者没有受过系统培训的文案创作者,不知该如何开始创作视频，也有的创作者文笔很好，但需要配合学习更新的视频应用技术；还有的创作者行到半路，遇到职业瓶颈无法突破……文案创作是不是只能依靠灵光一闪？有什么套路吗？应该说，任何艺术都有它的创作规律，视频文案也是一样。笔者从事视频行业近二十年，见证了视频行业的变迁，自己也在摸爬滚打中一点点积累经验。在这里，笔者精心总结优质视频文案的特点，吸收参考了一些前辈的成功经验，总结了视频文案的创作技巧，希望可以给同行们以及视频创作其他环节的从业人员一些启发，让新手少走一点弯路。

《从零开始学视频文案创作》全书内容分三个部分：视频文案创作基础、写好视频文案的 19 个技巧及案例解析。读者通过本书的学习，可以了解视频文案的诞生过程、视频文案的基本特征和创作要求、创作中的关键节点，以及如何规避文案创作中的误区和弯路。书中还附有二维码，读者可扫码观看实例视频，便于加深对内容的理解。

本书在创作和出版过程中得到了许多老师、朋友的帮助，在此特别感谢日照广播电视台李晓梅老师、山东艺术学院王婧怡老师，还有我的先生——日照职业技术学院孙立伟老师。

由于笔者水平有限，疏漏之处在所难免，恳请广大读者批评指正。

闫春红

目录

第 1 章　视频文案创作基础　■■■■■I■■

1.1　视频创作为什么需要文案 / 002

1.1.1　戏剧美学与纪实美学的区别 / 003

1.1.2　历史传统导致视频文案的地位偏轻 / 004

1.1.3　专业性需求让视频文案越来越被重视 / 005

1.1.4　内容为王的时代用文案去找到"王" / 006

1.1.5　综合艺术的特性让文案地位凸显 / 008

1.1.6　视频文案创作的现实困境 / 009

1.2　短视频时代各类文案的基本功用 / 010

1.2.1　短视频潮流带来的审美变化 / 010

1.2.2　目前常用的几类视频文案及功用 / 015

1.2.3　优秀的视频文案有哪些特点 / 020

1.3　如何写出一个合格的视频文案 / 025

1.3.1　视频创作的流程及文案的诞生 / 025

1.3.2　视频文案的基本模式和写法 / 029

1.3.3　合格的视频文案需要在哪些方面下功夫 / 038

第 2 章 写好视频文案的 19 个技巧

2.1 巧立意 / 042

2.1.1 时刻谨记"这个选题能给观众带来什么" / 042

2.1.2 你的目标是"有意思" / 044

2.1.3 只有一个最准确的词 / 050

2.2 拉框架 / 053

2.2.1 人类对秩序和结构的需要 / 053

2.2.2 拉框架对写作的帮助 / 055

2.2.3 拉框架的实战经验分享 / 058

2.3 组内容 / 064

2.3.1 脚力：通过调研获取第一手资料 /064

2.3.2 眼力：搜寻第二手资料 / 068

2.3.3 脑力：对素材整理和归纳 / 071

2.3.4 笔力：养成随手记关键词的好习惯 / 072

2.4 对象感 / 074

2.4.1 服务姿态很重要 / 074

2.4.2 写给谁看决定文风 / 076

2.4.3 用途决定形式 / 079

2.4.4 几种常用视频类型对象感的把握 / 080

2.5 快开头 / 085

2.5.1 开头写什么 / 085

2.5.2 如何克服"拖延症"，快速开始 / 089

2.6 热爱法 / 093

2.6.1 热爱是胸墨的出口 / 093

2.6.2 如何调动创作热情 / 096

2.7 立情怀 / 100

2.7.1 情怀提升文案格局 / 100

2.7.2 如何抒发情怀 / 101

2.8 动起来 / 108

2.8.1 动与静哪个更好 / 108

2.8.2 流动的叙事方法 / 109

2.8.3 静态事物的表达 / 114

2.9 讲故事 / 116

2.9.1 人们为什么喜欢故事 / 116

2.9.2 讲故事的黄金准则 / 121

2.9.3 以"英雄之旅"为例的故事模板 / 128

2.10 设对比 / 131

2.10.1 幸福都是比较出来的 / 131

2.10.2 对比和衬托手法的运用 / 133

2.11 换元素 / 140

2.11.1 变化的东西最吸引人 / 140

2.11.2 如何以变化带来美感 / 142

2.12　循规律 / 147

2.12.1　规律是世界之骨　万物之纲 / 147

2.12.2　规律与创新的关系 / 148

2.12.3　类型片的规律要点 / 150

2.13　意外喜 / 154

2.13.1　意外是惊吓还是惊喜 / 154

2.13.2　让意外成为闪光 / 156

2.13.3　做一个快乐的裁缝 / 157

2.14　敢模仿 / 159

2.14.1　模仿不是错 / 159

2.14.2　模仿得好就对了 / 161

2.15　找亮点 / 165

2.15.1　亮点是打动人的光 / 165

2.15.2　亮点怎么"亮" / 166

2.16　韵律强 / 173

2.16.1　解说词偏爱韵律美 / 173

2.16.2　解说词中体现韵律的手法及具体运用 / 174

2.16.3　顺着语感创造连绵起伏的韵律节奏 / 179

2.17　小细美 / 180

2.17.1　从宏大叙事到具象表达的变迁 / 180

2.17.2　转变"高大上"，利用"小细美" / 181

2.17.3　如何运用"小细美" / 183

2.18 有抓手 / 189

2.18.1 观众需要视线"落脚点" 表达需要具象载体 / 189

2.18.2 运用抓手的经验分享 / 192

2.19 重修改 / 196

2.19.1 好稿子都是改出来的 / 196

2.19.2 修改文案的方外之法 / 197

2.19.3 改哪里，怎么改 / 198

第 3 章 案例解析 ▪▪▪▪▪▮▮

第一步：如何掌握尽量丰富的资料 / 202

第二步：结合史实和采访确立主题思想 / 203

第三步：如何运用表现手法 / 204

第四步：文案写法的梳理和确定 / 205

参考文献 / 213

第 **1** 章

视频文案创作基础

视频创作为什么需要文案

视频原本是一个技术概念，指区别于胶片电影的一种影像处理、传输和储存技术，后来演变为对此类影像的代指。宽泛地来说，我们在电视、网络、移动客户端看到的影像都是视频。在网络文化兴起之后，尤其是在短视频流行开后，视频的概念越来越多地被用来指代以网络为传播基础的影像。

通常来讲，一个视频的创作包括前期策划、中期拍摄、后期包装制作三个阶段。文案创作则根据视频种类的不同，或处于策划与拍摄之间，或在拍摄与后期制作之间。不管在哪个时间节点完成，视频文案（策划方案、脚本、解说词等）都是最后成品的基础，是一切创作的蓝图。

影视编剧圈有个说法："剧本剧本，一剧之本。"正如剧本是电影和电视剧的根本，文案、脚本也是视频创作的根本和依据。但是为什么视频创作圈对文案和脚本显得不够重视呢？现在脚本和文案又在创作中处于什么地位呢？追根溯源，要从视频的创作方式、审美特点、发展历程等方面进行探究。

1.1.1　戏剧美学与纪实美学的区别

戏剧类作品以虚拟创作为主，包括电影、电视剧、戏曲、话剧、歌剧等，即便是以真实事件为基础，也必然加入大量改编、创造的成分。大到作品的框架、立意，小到一个场景的对白设计，这些都需要编剧一字一句地在纸上呈现，而后才有导演的现实再现。所以，编剧写什么，以及"编"得好不好，直接决定作品的内容和品质。

纪实类作品则不同，它以现实世界中的真实时空为影像基础，再进行剪辑、修改、处理，相当于二次创作。这类产品包括：纪录片、专题片、宣传片、新闻及电视上出现的各类纪实栏目。这类作品一般是先有影像，而后才有脚本的创作，即使是主题先行的专题片和宣传片，也一定是在创作者对现实影像有所了解的基础上再进行脚本创作。这就导致了纪实类作品一定程度上重策划、拍摄而轻文案。特别是当手机剪辑软件兴起之后，当抖音等 APP 可以一键生成各种炫目的效果，视频的特效成为奇观，人们更加重视对画面的处理，内容反倒退为其次。我们平常接触的视频类型中，纪实类占了较大部分，也就会不可避免地出现轻文案的现象。

那么戏剧类的视频呢？比较有代表性的如微电影、微视频等，麻雀虽小五脏俱全，创作过程等于是电影、电视剧的缩小版，文案脚本的地位就比较突出。

还有一部分特殊的类型，就是段子型视频，时间短，以搞笑或猎奇为主，是当下深受用户欢迎的类型。这一类作品也有细分，如 Papi 酱脱口秀性质的视频，文案脚本是必不可少的，当然也不乏天才型选手临场发挥；再有就是抓拍类的，偶然拍摄或截取的奇观，这一类虽然看不到文案的影子，但背后的策划、构思、画面字幕和解说等都是需要考量的，并不排除文案的功劳。

所以，虽然大家最容易看到视频的画面、情节、人物，但背后看不到的文案却无处不在。

1.1.2 历史传统导致视频文案的地位偏轻

我们来看"视频"这两个字，可以说，从定义之初，这个词就把重点放在了"视"，也就是画面上。

我们把历史的时钟往回拨十五年，在网络视频还没有兴盛之前，我们谈论的还是电视艺术。如今的视频创作也是沿袭了电视的创作手法，并以之为基础进行了革新。

电视是声画结合的综合艺术。声，包括解说、同期声、音乐、音响、音效等作用于听觉的各类元素；画，包括影像、字幕、特效等视觉元素。在电影和电视被发明之前，漫长的人类文明史都是以文字为传播和记载基础的。可以说影视的出现，"使人类获得了另一种语言——视听结合的语言模式。它对于人类文化信息的沟通与传播，对人类生活方式和思维方式的影响，甚至对人类自身的发展，都具有划时代的意义。"（出自《电视写作》）

数千年来，人类都是以文字为载体进行信息交流。当画面直观鲜活地显现在眼前，人们无法抵挡它的魅力。可想而知电视艺术是多么具有冲击力的头脑革命。以中国为例，从 1958 年北京电视台（中央广播电视总台前身）开播，到 21 世纪之初，电视机在几十年间发展成为居家必备的电器用品，人们对电视这种时空大挪移一般的艺术表示出极大的热忱和欢迎。

从精神文化生活匮乏的时代一路走来，当时的观众首先欢迎的是画面，这是可以理解的。于是在电视创作领域，创作者们自然而然地选择了偏爱画面。在一支创作团队中，导演、摄像、灯光、剪辑乃至道具、置景都要考虑画面，但文案或者解说词却常常只由一人完成。人们会着重考虑画面怎么拍更美，怎么安排更符合观众的需求，相对来说解说词的要求就要低很多。我们可以参看中国电视发展之初的节目和影像，解说词还是沿用传统文学创作方法，这种状况直至20世纪90年代前后才得到重视和改善。

另外，创作中与画面相关联的硬件设备也最多，摄像机、编辑机、灯光、航拍器等，科技的进步不断推动着电视画面的品质提升，也吸引着人们把目光进一步聚焦在画面上。

再来看声音，尤其是电视解说这一部分，虽然也有录音等技术的不断进步，但改革和提升的是声音本身，并不是内容，内容在本质上还是依赖作者的一支笔，形式并无突破。

笔者在求学和工作生涯中就长期被教导"画面优先"。具体在操作上就是要以画面为基础进行文字创作，解说词要基于画面而产生，是画面的补充和镶嵌，是带有服务和配合性质的。至于策划案和脚本的创作，就更被归于从属性质，长期以来创作方法比较单一、难以创新，且一直依赖创作者自身的文字功底和创作风格。

可以说，画面的重要性是毋庸置疑的，但是文案的重要性却没有得到相应的重视。

1.1.3 专业性需求让视频文案越来越被重视

20世纪90年代，中国中央电视台有一部纪录片《望长城》播出，它是纪录片创作史上里程碑式的作品。这部作品有如此重要的历史地位，很大一部分原因就在于它改变了脚本的创作习惯，转而大量采用同期声；革新了解说词的写作方法，打破了原来传统的类文学写作模式，找到了符合电视语言的写作方式。可以说，从 20 世纪 90 年代至今，人们一直在研究和突破，不断改变着视频文案的命运。

随着人们物质生活水平的提高，随之而来的是人们日益增长的对精神文化生活的追求。当大家见惯了山川风物，眼界和见识逐步提高之后，大家对视频有了另一个角度的需求，那就是更具思辨性、哲理性，更有深度，能帮助人成长和进步。这些需求，很大一部分要靠有设计的解说词来满足。

20 世纪 90 年代之前，有关视频的创作一直都掌握在电视台等专业机构手中。随着家庭 DV 的兴起，普通民众才有了自己当创作者的机会。进入新世纪，随着网络的兴盛、手机等设备的普及使拍摄越来越便利、各类视频平台的大力推促，人们对视频的熟悉程度可谓一日千里。现在，只要有手机，谁还没拍过几条视频呢？

视频创作的门槛降低了，甚至可以说没有什么门槛了，一方面带来的是视频产量的激增、视频类型的多样化；另一方面，是对视频创作提出了更高的要求。尤其是视频创作产业的从业人员，需要以更高的专业水准提供更高水平的作品，这样才会赢得市场。如果视频创作者不从更高的角度、更深的挖掘、更高质量的制作等方面去努力，就很难跟上市场对高品质视频的需求。

这其中，文案就是需要重点突破的一个方面。

1.1.4 内容为王的时代用文案去找到"王"

在今天，我们的视频创作领域经常说一句口号：内容为王。什么是内容呢？就是视频所要展现的东西。这句口号表达的是市场的要求：内容更丰富、内涵更深远、具有开拓性、能满足观众日益提升的审美需求。这里面，很大一部分要体现在文案上。

如前文所述，视频文案是一个视频的创作基础，文案不仅是蓝图，也是内容本身。我们需要把视频文案、解说词等放到一个更加重要的位置去考量，"谋定而后动"，在内容为王的时代真正找到这个"王"。

《舌尖上的中国》第一季执行总导演任长箴曾提出一个颠覆性的观点：君臣佐使，解说词是君，画面是使。也就是说，在一个视频中，解说词处于主导地位，画面处于被支配和调动的地位。这不是对画面的贬低，相反，任长箴导演是一个"技术控""画面控"，她非常热爱钻研拍摄设备和画面拍摄方法，《舌尖上的中国》中那些诱人的食物制作镜头、鲜活的食材采摘过程、大气的山川画面就是明证。但是她依然强调解说词第一位，这是基于她长期实践经验的总结。

在《电视写作》中，作者深入分析了解说词和画面两种元素背后所蕴含的人类学意义。该书作者认为，解说词也就是文字语言，对接的是人类思维中的抽象概括能力，而画面再现的是具象化的个体事物。经过社会长期的演化，人类已经习惯于通过抽象的概念来理解事物。举个例子，当一个人说"橘子"，听众马上就会理解，并不需要拿一个真正的橘子来展示，而且听众也很清楚这个"橘子"是一个总称，并不特指某一个橘子。"兴高采烈"这个词直接说出来就可以，接收者马上就能理解它的意思，而不用让人手舞足蹈地去表演。这种高度凝练有指代性的交流模式是人类独有的，也是文明进步的基础。

那么，我们想，在视频中是抽象的内容多还是具象的内容多呢？是抽象的语言引领具象的画面，还是具体的一个个画面领导抽象的解说呢？答案不言而喻。抽象、概括、哲理、想象的内容以及事物之间的联系是很难由单纯的画面来阐释清楚的，这些更高水平的理解行为要靠解说词和文案来实现。抽象概括的内容信息量要远远大于具象化的个体，人们借助语言可以实现联想，可以实现更高级的间接体验感，这就是画面需要解说的重要原因。

1.1.5　综合艺术的特性让文案地位凸显

视频是一项综合艺术。从维度上来看，它有时间线，有空间性，时空结合的特性再加上它对现实的逼真还原，使它区别于传统艺术形式；从构成元素上看，视频由画面、解说、音乐、特效、字幕等多元素构成。视频综合艺术的特性使得视频文案不仅仅是写几句解说词那么简单，它就像一个制图师，要把所有这些考虑绘制在创作地图上。正如《电视写作》中所说："……电视写作创作不完全是一种传统的写作，而是一种处理和安排……"

有人可能会说："我只是有一个创意或灵感，马上拍出来就好了，要什么文案？"试想，这个创意，如果不以文案的形式分解、落实到纸上，你能执行到什么程度？哪怕只是列个提纲，你也已经进入了文案创作。也有人说："我的视频就是拍些好看的画面，没有解说词，我需要文案吗？"没有解说词，不等于没有调度和设计，这都需要文案创作。有不需要文案的优秀视频吗？不存在的。短视频尚且如此，那长视频就更不用说了。俗话说"好记性不如烂笔头"，没有文案这支"笔"，拍摄长片或者想走长远化的创作道路都是不可能的。

视频文案的创作者就像是裁缝，他们要善于按照既有布料（各类素材）的特性进行设计和裁剪，而且要具有化腐朽为神奇的本事，能够把一堆看似平常的材料连缀成一件风格独特的华衣。又或者，创作者要像厨师，能够左抓一把右抓一把，用四两拨千斤的手法，让普通的食材在锅里发生奇特的化学反应，且十分对观众的口味。这些是需要在实践中慢慢体会的真味。

1.1.6　视频文案创作的现实困境

非常遗憾的是，虽然有的创作团队有文案创作者执笔，但创作者的水平却参差不齐，有的依然在沿用传统文学创作方法，也有的因为不知道视频的内在规律、各类文案不同模式而完全不知道怎么写。有人会问：既然内容第一，那么方法重要吗？模式重要吗？答案是当然重要，理由我们会在后面的章节逐一解析。

如今市面上的很多影视公司都已经拥有先进齐全的设备，拍摄和制作水平让电视台等老牌专业机构也望尘莫及。但是，这些大大小小的公司普遍缺"文案"，他们缺这个职业的工作人员，更缺能拿得出手的脚本。这些团队意识到了这个问题，但文案写作人才却可遇不可求。文字功底不是短期内就可以培养起来的，所以团队常常只能借助外援或者应付着干。这种情况严重影响了产业的发展。

虽然文字功底不是短期培训就能成熟的，但套路和方法却是可以在较短时间内就学会和应用的。我们都知道，任何艺术都有它独特的创作规律，甚至可以说，任何劳动都有它的规律。只要掌握了规律，做起事来就会事半功倍。在本书中，笔者希望把视频创作的基本规律解释出来，在基本的套路上再进阶提升，哪怕你对视频文案从无接触，也可以照着从头到尾修炼成一个熟手、高手。

短视频时代各类文案的基本功用

视频文案主要面向两类"读者"，一类是观众，另一类就是视频创作中的其他工作人员，包括决策者、编导、摄像、后期等。所以，视频文案主要功用就分为两个方面：为观众提供信息和艺术美感，为其他主创提供创作蓝图。

在短视频潮流到来之前，我们的视频创作基本是在沿用传统电视创作手法的基础上再进行渐进式的创新。可能出乎很多人的意料，时代发展如此之快，一夜之间，短视频已经成为市场主流，各类视频纷纷重新站队，向着短视频开辟的道路前进。

1.2.1 短视频潮流带来的审美变化

大家对短视频较早的印象应该是来自 2005 年底的《一个馒头引发的血案》。一条调侃式的短视频竟引起一部大制作电影的地震，当时作为观众只觉好笑，现在想来只能惊叹。而后，"微电影作为一种新生事物迅速火热，不少知名导演、演员及大量草根拍客都加入了微电影的拍摄大军，

《老男孩系列》《青春期系列》等作品开始涌现。"（出自《零基础玩转短视频》）

从定义上来说，微电影并不属于视频，而是电影的一类。但是微电影却意外推动了短视频市场的发展。微电影的迅速发展推动了短视频的草根化，无意中培养了网友利用碎片化时间制作、观看短视频的意识；且由于微电影多数在网络上传播，在创作手法上与短视频也多有交叉，渐渐模糊了与短视频的界限，所以微电影脚本也会作为本书的剖析对象之一。

在抖音、快手等平台的推动下，短视频如今已经成为平民化的艺术创作形式。5分钟、30秒、15秒……各类长短不一的短视频承载着一个时代的审美变迁。具体来说，短视频的审美特点和给社会大众尤其是视频创作带来的审美改变有以下几点。

（1）碎片化

生活节奏越来越快的今天，"碎片化"是经常被提及的一个词。刚开始的时候，我们被引导要学会利用碎片时间来读书学习，因为整块的时间被繁忙的工作和生活挤压走了。后来，干脆连我们的思考、创作也要把碎片时间考虑进来。

我们对碎片时间的重视，反映的是对时间的焦虑和对现实压力的奋起反抗。底层逻辑就是"一定要在大家都平等的24小时里创造出更多的时间"。一个短视频短的仅有10余秒，确实是常常依靠一个灵感、一个画面甚至一句话就能完成的。用碎片化时间就能完成一个艺术作品并引起别人的关注，这对平凡的我们是莫大的激励。

碎片化时间的运用带来了两个维度的影响：一是推动现有视频创作越来越多地"短视频化"，越来越多地采用短视频的创作手法；二是容易忽视对脚本和文案的打磨，导致很多短视频处于低质、雷同状态。

（2）社交属性

在传统的电视时代，我们与视频的交流基本是单向的，也就是电视制作机构把信号单向传送给观众。当然，也有很多电视节目有直播互动和反馈环节，但它们在节目中所占比重并不大，所以电视传播从整体上来看还是单行道。

网络普及之后，网络传播自带的互动性质让视频传播的社交属性提升了不少，但这种互动相对来说还是分量较轻且有延时的特点，与短视频时代的社交属性不可同日而语。如今，我们随便打开某个短视频平台就可以看到，视频的点赞、评论成为传播的重要组成部分，甚至可以说，这些互动也已经成为短视频的一部分，它们共同构成了一种网上繁荣的社交现象。

敞开式的评论点赞、与创作者即时性的交流互动，这让观众和创作者都在社交方面得到了某种满足，也更加促进了短视频的发展。

（3）实用性

人们观看视频无非出于这样几种目的：获取资讯、增长知识、休闲娱乐、陶冶情操。我们的付出与收获是有一定比例的，并不是付出的时间能收回同等的价值，观看视频也一样。比如，我们看了一个 5 分钟的视频，但是只有 1 分钟对我们有用，那我们的付出 - 收获比就是 5 ：1。

如果把时间长的视频称为长视频的话，我们会发现，我们观看长视频时对收获量是没有把握的。因为视频传播的特性是线性的，我们必须顺着时间线把视频看完才能知道它有用没用。当然你也可以拖动时间或加速观看，但总体来说是要顺序地看完才能下结论。如果我们看完一个 15 分钟的视频，到结尾才发现被忽悠了，那我们就会为如金子般珍贵的时间痛惜不已。

短视频很好地解决了这个问题。短视频因为时间短，常常直奔主题要害，三两句话就能交代完信息，观众不用浪费较多时间就能获取某种知识或者会心一笑。现在短视频很重视"垂直""深耕"等，就是专业做某些领域的视频，比如美食、医疗等，三分钟教你做一个菜，30秒教你一个医学知识，这样的"短平快"却非常实用的特性让短视频备受欢迎。

（4）大脑奖赏回路的充分利用

我们一定经常有这样的体验：晚上在床上躺下以后，本来只是想看一会儿短视频平台，但结果刷着刷着就停不下来了；看一下时间，告诉自己，再看五分钟就睡觉，一个又一个五分钟过去了，直到眼睛睁不开了为止。为什么会这样呢？这种现象像不像某种"瘾"？

科学研究告诉我们，人类的大脑存在一种行动——奖赏回路，当你的某个行为得到了奖励，你就会越发有动力再次去做它，长此以往就会形成良性循环。举个例子，我们想要养成每天写作1小时的习惯，但是写作如此痛苦，我们往往坚持不了两天就放弃了。但是如果每次在写作之后给自己一个奖励，比如吃个甜食或者买一件自己喜欢的东西，这样就会把这种幸福感与写作绑定，等于告诉大脑：写作 = 吃甜食或买东西。大脑接收了这个信息，每次一写作，就会提醒你写作完有好处，这样写作起来就不会那么难过，尤其是下一次再拿起笔就不会那么痛苦了。

短视频就如同一个个糖豆，看完一个就给了自己一个奖励，告诉大脑"看完这个东西很愉悦"，所以就会连续不断地看下去，下一次拿起手机依然会忍不住打开短视频平台。

这个现象告诉我们，今天的视频创作千万不要再自说自话、自娱自乐了，一定要关照受众的接收心理。受众的注意力越来越稀缺，要尽量少用铺排，多用开门见山的方法来进行创作，擅用"糖豆"来增强用户黏性。视频脚本要设计比以前更密集的悬念、亮点，以吸引观众看下去。

（5）个性与创意

短视频的盛行给了每个普通人出彩的机会，也更加肯定了每个人的个性与创意。这给视频创作带来的提醒就是：不管时间长短，视频的创意要足，个性要凸显。

杭州投资环境形象宣传片

杭州市投资促进局发布了一部投资环境形象宣传片，整体画面处理是将屏幕一分为二，左边放置与传统、人文有关的画面，

杭州投资环境形象宣传片《在杭州见未来》分屏比对与融合

右边放置与现代、科技相关的画面。一左一右，体现得正是传统与现代、过去与未来的碰撞和交融。

作品巧妙地采用相似的形象对比，比如左边是绿树长堤，右边是跨河大桥，以线条的类似将两种事物隔空连接在一起；左边是一位长者端着绿茶在欣赏，右边是一位青年端着科学实验室的培养皿在端详，两人的动作、神态十分相似。全片没有一句解说词，但脚本和设计感无处不在，让观众一边感受杭州对传统的尊崇，一边感受对科技与未来的追求，文化自信油然而生。

1.2.2 目前常用的几类视频文案及功用

今天是属于个性与创意的时代，视频的形式也呈几何式地裂变和创新，传统视频壁垒分明的界限经常变得模糊。但即使如此，从客户的角度出发，视频还是有不同的类型。笔者按照市场的需求，将当下常用的几种视频和文案的功用简单梳理如下。

（1）专题片 / 工作汇报片

专题片是中国独有的一种视频类型，本质上属于纪录片的一个分支。它基本以一个主题为中心，分段落、层次地进行阐述和讲解，追求严谨性和思辨性。工作汇报片很好理解，就是工作总结的一种视频呈现。但既然变为视频形式，文案就不能照搬文字材料，而要根据画面等材料进行重新编排。

专题片、工作汇报片这一类的视频特点是主题先行，大部分目的要靠文字介绍来实现，所以它的文案分量很重，在创作上基本是先创作解说词，第二步形成脚本，第三步再进行拍摄和制作。

这一类以文字信息为主、画面为辅的视频，文案的功用主要集中在点明主题、固定框架结构、升华提炼思想等方面。在写作中，要特别注意条理清晰、主题集中、用词得当。为什么要强调"用词得当"呢？因为这一类片子的客户常集中在党政机关、企事业单位等领域，对文案的需求一般是严肃大气、严谨准确，不能随便调侃，也不要随意更改原有的材料叙述。总的来说，就是要在客户提供材料的基础上进行概括和升华，用优美的文案包装略显枯燥的信息。文案包装得漂亮得体，视频基本也就成功了。

（2）宣传片 / 形象片

宣传片一般是指为了宣传某个地方、企业、产品等而创作的短片。较之专题片，宣传片更希望能在户外媒体播放，以起到社会宣传的目的。所以，它的文案创作要精练突出，一句话、一个词就能打动人心。形象片顾名思义，就是以视频来刻画某种印象，使之成为某个事物的形象代表。形象片一般较短，重心不在解说词，而是重点用画面和节奏打造一种意境，吸引观众驻足观看、入脑入心。

宣传片和形象片与专题片类似，目的都是宣传和提升某样东西。只不过这两类短片将专题片直白的解说转化成了其他艺术手法来展现，更巧妙，也更容易让人接受。

文案在宣传片 / 形象片中主要承担两项功用：一是脚本的设计作用，即使没有解说词，也要利用画面和音乐等元素表达所需要展现的信息；二是金句点题，用少而精的文字或解说提炼升华所要表达的主题，用新颖的思考角度展现内涵。

实例 1-2

杭州投资环境形象宣传片中的金句表达

前文所引过的杭州的投资环境形象宣传片，它没有解说，字幕也很少，分别是：在开头印在烟雨山水和全城大景之上的"山融于水，浸透江南韵味；诗融于岁月，凝结世代匠心；业融于城，联动世界脉搏；古今融于杭州，遇见未来之选。"题目："在杭州·见未来。"最后的重新点题："古今同窗见未来"。

我们重点来看片头的四句排比。第一句"山融于水，浸透江南韵味"以山水之名点出杭州的风景和生态环境；第二句"诗融于岁月，凝结世代匠心"以诗和岁月点出杭州的历史文化底蕴，并以"匠心"初探投资创业的主题；第三句"业融于城，联动世界脉搏"正式以投资创业点出杭州的国际范儿；第四句"古今融于杭州，遇见未来之选"既是前几句的总结，又是对全片主题的总引领。四句话都有一个"融"字，一个字串起一个段落，古典语法的对仗感让行文端庄典雅、意韵悠长。

（3）纪录片

纪录片是以真实为生命的片种，它指的是以真实生活为创作素材，以真人真事为表现对象，并对其进行艺术的加工与展现的影视艺术形式。在国外是没有专题片这个名称的，因为专题片同样是纪实性的，它统归于纪录片名下。但在中国，二者之间还是有一些区分的。从主题上来说，专题片一般主题先行，也就是提前把观点告诉观众；而纪录片则是通过过程、事实让人感受。从文案手法上来说，专题片提倡总结和直白点题，而纪录片希望让观众通过人物和事件自行体会真义。

有人会问：纪录片以真实记录为主要创作手法，还需要文案吗？脚本设计不是破坏了纪录片的自然性、真实性吗？有这些疑问特别正常，笔者在工作后很长一段时间都在纠结到底该不该为纪录片设计脚本。陈国钦在《纪录片解析》中说："纪录片所追求的不是真实本身，而是一种'真实的境界'，对真实的追求也并不意味着：再现真实就是纪录片的最大价值。因为这里真实并不是指客观现实的真实，而是创作者主观感受的真实。"他还打趣说："我们每天都生活在'真实'当中，我们还要'真实的影像'做什么？纪录片存在的意义在于它是对生活的一种转译，是创作者把他对生活的解读告知观众……"

也就是说，不管是什么艺术作品，哪怕是以真实为生命的纪录片，都是经创作者选择后的结果，每一句话、每一个镜头、每一种处理都在表达着创作者想要表达的内容，不存在绝对的所谓"真实"。从哲学层面上来说，即使是我们身处的真实时空，又有多少是"真实"的呢？我们对事物的认识都是以个体以往经验为基础的，这种认识自然都带着个人色彩，只不过智者更懂得如何摒弃偏见。

从功用上来说，纪录片的文案主要起到脚本设计的作用，也就是体现一种处理和安排，哪里用声音、哪里用画面、段落之间如何过渡、镜头之间如何碰撞等。它的解说词明显区别于专题片的"高大上"，力求平实和客观，不强加主观意念。

（4）短视频

严格来说，短视频与前面几个并不是一个分类角度，因为短视频也可以是专题片、宣传片、形象片或者纪录片等，但是按照现在约定俗成的观念，将短视频列为一个解读对象。

短视频如果属于以上几个类别，当然也同时遵循以上视频类型的文案创作规律；同时，它的文案以时间长短来划分还有不同功用。一分钟以上的短视频文案所承载功能与前面几个类别差不多，基本在结构、点题、元素处理等方面起主要作用。一分钟以下的短视频则要更偏重金句、冲突、反转等戏剧效果。关于反转的技巧我们在后面的章节会更详细讲解。

实例 1-3

Papi 酱：《我前世造了什么孽，遇上了这样的面试官》

Papi 酱系列短视频没有解说词，全程都是对白，更准确地说是 Papi 酱一人分饰多角色的念白，这种独特风格让人物在不同角色之间无缝切换，更容易形成喜剧效果。

这支短视频时长 5 分钟，以字幕打出小标题形式的提示。如果这些人当面试官：FBI 当面试官、电话客服当面试官、言情剧女主角当面试官、非人类面试（最后一段涉及广告不详述）。内容就是以上四种情境戏剧化地套用到面试环节，以此来呈现戏剧效果。

从文案来看，一是小标题打出结构，让短短五分钟的短视频结构清晰明白；二是设计戏剧性元素，因为 Papi 酱是有表演性质的，所以单元设计基本可以参照剧本的编写模式。这其中，戏剧性的手段运用自然娴熟。有个比喻说："戏剧就是猫坐狗垫儿。"Papi 酱就把"猫坐狗垫儿"的事儿表演得非常贴切。

视频文案 第1章
创作基础

（5）微电影

微电影顾名思义就是缩小版的电影，俗话说"麻雀虽小五脏俱全"，大电影该有的元素微电影一项也不缺。所以，微电影的脚本也就等同于剧本，基本用于划分场景、设计动作、对白、冲突，以达到塑造角色、体现主题的作用。不同于纪实性作品可以边拍边落实脚本，甚至拍完再写脚本，微电影必须先有剧本，属于作品的一度创作。所以创作者的编剧功底尤其重要。因为市面上对剧本写作的阐述非常多，这里就不再具体展开。

1.2.3　优秀的视频文案有哪些特点

如果严格细究起来，视频种类远不止以上数种，当然，文案的种类就更多了，有些文案甚至可以单独成为文学作品。但是万变不离其宗，因为所有文案都是服务于视频的，所以它们有一些共同的特点。

（1）主题突出且凝练

我们传统的文学创作讲究一个"神"字，这在视频中同样适用。不论形式如何变化、构成元素如何多样，它们全部指向一个中心，也就是视频的主题。

从文案上来说，首先解说词作为丰富内涵的主要承载体，一定要紧紧围绕主题来展开，无关紧要的旁枝末节要舍得痛下决心去砍掉。不能服务于主题和中心的词句，再优美、再有创意也不能乱用，否则就是画蛇添足。制作脚本也是同样的道理，只选用与主题有关的元素，千万不要被乱花迷了眼，不能只要是好看的、好玩儿的都要编排上，选用的元素一定要服务于主题、服务于大局。

主题突出凝练这一点对短视频来说尤其重要，短视频应对的就是观众注意力的缺乏，如果在策划上让主题散了或者迟迟无法进入，观众就会半天不知所云，最后只好切掉这个视频。所以，主题的问题必须要落实到文案上，落实到每一句话、每一个细节的安排上。

（2）结构清晰且有趣

我们为什么要强调结构？这里面的原因要从视频的特性说起。

视频是线性传播的艺术。什么叫线性传播？传播学者哈罗德·拉斯韦尔曾给出定义：线性传播就是以传播者为起点，经过媒介，以受传者为终点的单方向、直线性传播。线性传播的特点就是不间断、一个方向。我们的电视、广播都是这种类型。简单来说，就是你要顺着时间线看完或听完才能知道整体。它与读纸质文章不同，读文章我们可以先浏览个大概，甚至可以从结尾开始先了解一下整个文章在说什么，一处看不懂随时可以倒回头去重新检视；视频不行，我们只能从头到尾"顺"着来看。在这种特点之下，视频结构的重要性就高了起来，一个优秀的结构必须根据视频的规律清晰地展现层次，这样才不会让观众产生迷糊的感觉。

那为什么还要"有趣"呢？结构也能有趣吗？原因也同注意力有关，为了吸引观众的注意力，我们首先要在结构上下大力气。关于结构我们将在本书 2.2 进行详细论述。

（3）文字精致且准确

这里的文字重点指解说词和字幕。解说词和字幕是直接呈现给观众的文字内容，贵精而不贵多。要知道，视频是一项综合艺术，除了解说，还有画面、音乐、特效等多种元素，从听觉、视觉等多方面刺激观众的感官，每一种元素都不能滥用。哪怕解说词再优美、再有内涵，也不能全片漫灌，要给画面和其他元素表现的空间，还要留有余地让观众思考，所谓"留白"意义也在于此。优秀的解说词是懂得"呼吸"的，一吐一纳间带动节奏，与其他元素浑然一体，让人带着愉悦和欣赏接受。

其次要注意的就是，优秀的文案文字重准确而轻华丽。有的人文笔很好，写散文、小说明媚动人让人惊艳，但是同样的手法用在视频上却不灵。为什么呢？一是视频线性传播的特性让解说一带而过，太过繁复不容易让人理解，更不容易让人记住；二是视频是多元素结合的综合艺术，一旦解说不管不顾地滔滔不绝，画面、音乐等其他重要元素就失去了发挥的余地，也不能融合在一起，容易形成"声画两张皮"的尴尬现象。

（4）与其他元素能产生化学反应

如前所述，视频是一门综合艺术，是视觉和听觉的结合。那最后产生的效果是不是 1+1=2 呢？错了，视频最后产生的结果是 1+1 > 2。如果把它细为各类元素：画面、解说、音乐、特效、字幕、同期，那它的效果就是 1+1+1+1+1+1 > 6。原因何在呢？就在于视频不是各元素的简单相加，它是作用于人的情感的艺术门类，会产生类似化学反应的效果，使两种或多种元素的结合生成新的意味。

因此，视频的文案安排里，解说词和字幕一定是与画面、音乐等元素搭配而生的，它们每个都不是孤立的存在，都要相互依存、相互生发。

用解说构建第二幅画面

笔者工作的小城名为日照，有着"北方的南方，南方的北方"之称。日照从 20 世纪 60 年代开始引种南方的绿茶。试种的过程是很曲折的，因为日照虽靠近南方，气候却基本属于北方，"南茶北引"一干就是十几年。时至今日，日照绿茶已经是当地响当当的地理标志性产品。

有这样一个视频，视频的主人公是一位在近海种茶的人，北方的寒冷已是绿茶的天敌，他却偏偏还要靠海边种，因为他坚信海边独特的土壤可以培育不一样的茶叶品质。这个视频中，在他又一次试验失败之后，有这样一段解说词："日照几千年来更迭流变，沧海桑田的定义在这里似乎尤其鲜明。改变和创新的勇气流淌在他们的血液中，就如同他们出海时遇到风浪，懂得只有咬牙拼搏，才能保住生命，载得鱼虾满舱而归。"

在这个段落解说的同时，画面没有复现解说所提及的风浪、渔船、鱼虾，而是用主人公在茶园里顶着烈日侍弄茶园的镜头。如果这里说到什么就配什么画面，那么只能是一种意象的重复；解说一件事，画面一件事，其实它们所指的又是同一件事，这样就产生了两幅画面、一种意境的效果。两幅画面是有互为生发效果的，解说的内容在写主人公永不言败的精神，镜头里的劳作就让这种精神叠加在了画面上，普通的劳作也就有了升华后的意义。

（5）与观众能构成心灵交流

文字信息具有抽象、联想的作用，而画面则是具象、个体的。因此，承载庞大信息量、深刻内涵的任务就落到了文字身上。视频中，具有文字功能的一般是解说词、字幕、人物对白或旁白等，所以这几项文案的写作就要有些分量。这些文字要不仅能够支撑起内容骨架，最好能与观众形成心灵上的对话和交流。

有人可能会说，"心灵交流"听起来太虚幻了，可遇而不可求。并不是这样的，我们不妨拿电影来打个比方。在电影创作中（尤其是好莱坞的电影），讲究一个永恒的主题，那就是"人性"。人性是没有国界、没有语言之分的，甚至可以打破宗教和信仰的壁垒。也就是说，人性是人类共通的本质。基于此创作，无论题材如何，无论角色是什么肤色，总能在全世界找到共鸣，这也是很多好电影畅行世界的重要原因之一。

那么，我们的视频创作中有没有这样的"人性"呢？当然有，比如勇敢、担当、诚实、信任、友情……在解说里用精妙的语言来表达这些情感，再配合画面等其他元素的深化和提升，就能够与观众实现"心灵沟通"的效果。

人的成长过程有两个维度，一个向外，一个向内。向外是不断拓展对世界的认知，就好比将军开疆扩土；向内则是对自己心理、心灵的修炼，像打磨一颗璞玉一样，一点一点让自己显现出原本剔透晶莹的本质。在一个视频中，要想与观众实现在心灵层次上的共鸣，不仅要修炼文字功夫，更重要的是修炼透过表象看本质的能力，修炼淡定平和而又积极向上的心态。可以说，这是视频文案写作的上乘功夫，也是我们毕生要追求的理想。

如何写出一个合格的视频文案

进入实战阶段，我们首先要学会初步写出一个可用的视频文案。在本节中，我们将从纵向和横向两个维度进行解析。在纵向上，我们的视频创作是一条向前推进的时间线，文案创作根据视频种类的不同出现在不同阶段，但一般来说会在题材选择后、拍摄前，我们将根据工作顺序进行文案写作的梳理。在横向上，我们将学习文案写作的基本套路、模式特点，力求看完就能写出一个可用的文案。

1.3.1 视频创作的流程及文案的诞生

视频创作的第一步是从哪里开始的？文案又该从哪个阶段开始介入？

如果我们是在某个影视创作机构，那么大概率是根据客户需求进行创作。客户有一个大概的意向，比如"我想推广一下我的企业"或者"我想做个视频记录一下这段时间发生的事情"。但是通常来讲，客户对自己想要的东西并不太明确。此时，项目经理人和策划要与客户进行商讨、对接，文案就应该跟着介入了。虽然这时还没有到正式的写作，但是如果不从头深入了解客户的意愿、题材的概况，后面写作就会有障碍。还有一种情况是团队主动发现了某些好的题材，此时并没有相关需求，也不知道朝哪个方向走，这需要与团队共同商议题材的走向，文案同样应该最早介入。

那么，创作之路上首先要先干什么？我们与客户讨论的目的是什么？接下来该怎么办呢？可以按照以下五个步骤进行。

（1）确定视频类型和风格

为什么需要先确定视频类型呢？这就好比用篮子装鸡蛋，不同的篮子要发往不同的市场，装对了篮子才能走对市场。因为视频的类型比较多，每一类对应的创作方法都是不一样的，第一步确定好了类型，才能按部就班地按照此种类型的方法来推进。这一步对文案来说尤其重要，因为知道了用哪种方法创作，文案才能迅速进入状态。所以说，文案创作要从一开始就介入，而不是等着策划、拍摄差不多了再进行。

在一个团队中，编、导常为一人，甚至是项目经理本人，这就更需要一开始就有文案构思的心理准备。视频创作团队并不是人越多越好，尤其是文案创作部分，多数情况下，只要一两个人参与就好了，有时人越多反而越会影响主题的凝练和统一。笔者在从事视频创作的很长一段时间里都是只有一个搭档，就是摄像。通常情况下，选题、策划、编导、脚本、后期粗剪都是由笔者一个人完成的，有时有一个包装人员进行最后的包装。

在这一步，我们要根据客户的需要、题材的特性、讨论的结果推导出这会是一个什么样的视频类型。可能是宣传片，也可能是专题片；还可再细化下去，是用优美文案做主导，还是用音乐画面就可以；同时敲定大概时长，是 1 分钟、5 分钟还是 10 分钟等。总之，这一步要达到的目的就是知道我们要的是什么片子，对风格有一个大概想象，这样就有利于下一步对素材的收集和拍摄。这一步参与人较多，但是文案人员要记得，这些最终都是要靠文案来实现的，所以一定要摸透并熟知客户的想法、题材的概况。

（2）前期调研和搜集素材

在有了一个大概的方向之后，文案创作人员就要开始"广撒网、多收鱼"，尽量大范围地去收集相关材料。这些材料包括：选题相关的背景资料、相关人物的前期采访、现场实地勘查以及根据调研确知哪些素材可用现成的、哪些素材可拍摄等。总之，通过这一个环节的工作，文案创作的素材就大体都收集到了。文案创作人员对素材要做到心中有数，方便下一步进行构思。

搜集材料的方法也有很多种，常用的有采访、找寻相关文字和影视资料、开头脑风暴会等。尤其要注意，文案主创虽然人越少越好，但千万不要屏蔽他人的意见，俗话说"一个篱笆三个桩"，头脑风暴也好，听取他人见解也好，都会或多或少起到激发灵感、增加信息的作用。

（3）策划文案创作

在拍摄脚本出来之前，首先要写出策划文案。所谓策划，就是关于创作的各种想法，它的主要作用是向客户方展示创作的思路，以新颖的创意、独特的角度、扎实的功底打动客户，继而稳固合作关系。

策划文案主要包括以下几个部分：创作理念、主题阐述、调性风格、形式解析、框架结构、创意讲解等。这些部分不需要全部都有，要视情况而定，可能只有其中几部分，也可能会有延伸性的要点。总之，在策划文案中要向客户讲明白我们对创作的大体构思，让对方在大脑中能大体勾勒出未来作品的模样。

当然，策划文案同时也是一个讨论方案，是作品在出脚本之前的一个简要构想，用于与客户及创作团队其他成员之间进行探讨，在此基础上进行修改完善。

（4）拍摄和脚本创作

在策划文案大体确定以后，具体的下一步行动就要靠脚本来设计了。但其他创作人员也并非无事可做，比如摄像人员就可以根据策划里的内容开始着手相关拍摄，先不涉及有设计的拍摄，主要进行记录式的拍摄，比如主体的外观大景、常规工作及活动场景、相关空镜头的提前准备等。

这个环节最重要的是脚本的创作。在策划文案定了以后，视频的方向、类型、时长、创意、结构等主骨架已经出来了，脚本创作要根据策划案进行详细的填充。脚本创作的主要内容包括：解说词的撰写、画面的安排、音乐的安排、场景的设计、节奏的控制等。这其中，如果有解说词，解说词就是重中之重；不用解说词，字幕内容是重心；文字信息都没有，如何设计节奏就是核心。当然，节奏也可以在后期进行处理，但是如果能在脚本期间就有设计，就会省去很多返工拍摄的麻烦。

还有一些视频类型，不用等待脚本就可以进行拍摄，这样脚本就成了后期剪辑的依据。比如纪录片，它的"后发"性质一般让创作者先进行记录，再进行整理和提炼，这样就可以把脚本创作放在拍摄的中后期进行。但不要以为这类作品脚本不重要，相反，因为这类视频拍摄素材的量非常大，没有脚本就容易迷路，所以剪辑更需要脚本的支撑，以按图索骥。

（5）后期制作

当脚本和拍摄都进行完毕，就可以进入后期了。所谓后期就是指剪辑、包装等处理环节。因为后期工作人员有时对前期工作参与度不大，这时的剪辑就特别需要脚本以及策划案的指导。

需要说明的是，脚本不是一锤定音的工作，它需要反复打磨、修改。比如在拍摄时期，摄像人员发现某个镜头设计不好实现，脚本就要进行相应的调整，一切以实际需要和现实情况为准。同样，在后期制作中也容易出现与脚本设计不匹配的现象。因为脚本毕竟也是基于创作人员的想象，有时有出入是很正常的。这时也需要进行修改和调整，以达到最终圆满的效果。

从视频创作的流程可以看出，文案的创作是自始至终的，从前期策划就需要介入，一直到成片之前都要进行修改和完善。这个特点使文案创作区别于其他相对独立的环节，也使它成为整个视频创作的灵魂和主线。

1.3.2 视频文案的基本模式和写法

通过对视频创作流程的梳理，我们大概看到了两类文案的地位和作用，它们分别是策划文案和视频脚本。其中，视频脚本又有两种写法，分别是文学脚本和分镜头脚本。接下来我们来了解三种文案的基本模式和写法。

（1）策划文案的基本写法

策划，即指计划和筹谋。首先要明确，策划文案不是给自己看的，而是用于讨论和确定下一步的方向，它有一个交流的特性。所以，在写作时要特别注意揣摩客户方的意愿，一是要将他们的想法融进构思之中，二是要把对方都不太明白的东西解释和梳理给他们听。当然，策划文案最重要的是展示创作者的构思和创意。

策划文案可以涵盖以下方面：创作理念、主题阐述、调性风格、形式解析、框架结构、创意讲解等。以上要点并不是固定模式，更不需要全部都有，根据需要撷取几个部分即可，当然也可以延伸出自己需要展示的要点。

策划文案常用的格式，举例如下：

关于某某的策划方案

（第一段介绍已知项目，表明对客户的意愿已经掌握，进而引出创作理念。）

一、创作理念

根据背景材料，提出独特的创作想法。一般指能够贯穿整个作品的大方向和创意角度。

二、主题阐述

一是根据客户需求和材料对主题进行解读；二是尽可能提炼出一句话或者一个词，用以指代主题。

三、调性风格

阐释作品可能会采用的创意风格和整个作品的基调。

四、形式解析

以什么为主线辅线？形式上又如何创新？在这一部分进行解读。

五、框架结构

主要勾勒全片的骨架、层次以及小标题。

六、创意讲解

顾名思义，对本片创作独到的见解和对即将采用的创意进行解读。

策划文案既然是用来交流和讨论的，在写法上就要讲究清楚简洁，用语不要追求书面化，表现出足够的探讨诚意。

实例 1-5

用策划文案与客户达成共鸣

任立民老师在他的著作《文案策划——宣传片角逐的秘密武器》里提出："客户表达不出来，但潜意识里有某种渴望，你用文字写出来，让他眼前一亮的，才是好文案。"

笔者曾为某茶园做宣传视频，在接洽的时候，得知茶园主人此前已经委托机构做过两个视频，都不太满意。这两个视频，其中一个是从产品角度出发，盛赞茶企的良心追求；一个是从主人公本身出发，以人物经历讲述茶叶故事。两个视频从质量上来讲都没有问题，只是形式略显俗套，而茶园主人总感觉它们没有表达出他内心的东西。

通过接触，笔者发现茶园主人虽然是个茶农，但很喜欢研究儒家文化，他很希望能够给自己的茶叶加点"文化味儿"，但又不知道怎么表达。顺着这个思路，我们重新梳理了相关资料，将焦点从茶叶品质转移到茶文化旅游，书写主人公为茶叶赋予的内涵、为本地茶文化旅游做出的探究和努力，进而上升到整个城市的文化和气质上。以此形成的策划文案得到了客户的肯定和赞许。

（2）文学脚本的基本写法

当策划文案通过，视频脚本基本就进入了正式撰写流程。从某种意义上来说，脚本即是对策划文案的执行和扩张，所以在写作时要时刻谨记策划文案的主旨，因为这是你与客户先期达成的共识，不能随意更改。当然，即使是最严格的执行，脚本创作还是有非常大的发挥空间的。

从一般使用上来说，视频脚本有两种格式，一种是普通文本，如果借用影视剧本的说法，也可称为文学脚本，指以解说词为主体的文本，更适合内容阅读；一种是分镜头脚本，即以镜头划分为主体，用表格进行细化后的文本，更适合拍摄执行。具体用哪种，要看创作者自己的习惯。比如笔者现在对简单的视频一般不用分镜头，因为团队里的成员都是熟手，看文学脚本就知道怎么拍，大家自己脑子中自动就会分镜头，这是长期合作养成的专业和默契。

但如果是新手，最好是两种一起用，也就是先写文学脚本，再细化成分镜头脚本。为什么呢？一是新手通常对分镜头脚本并不熟悉，但拍摄团队需要更细致的脚本来执行，所以需要分镜头脚本；二是因为客户对分镜头脚本不习惯（因为视频脚本写出来也是需要客户确认的），所以最好先以习惯使用的普通文本方式进行撰写，最后再细化为更适合拍摄用的分镜头脚本。

文学脚本以解说词为主干，再用自己习惯的方式添加画面、音乐、字幕等设计。常用的样式如下：

题目

【画面】大体描述本段落出现的画面，以备摄像拍摄或者查找相关资料。

【解说】即可以配音的旁白。

【同期】在现场同步拾取的画面和声音，比如现场人物的说话、环境声音风貌等。

【采访】特指有设计的人物采访，对布光、场景较为讲究。

【字幕】即屏幕上叠加或代替画面出现的汉字，可以与解说并行，也可以单独设计。

（音乐）用哪种音乐，渐强还是渐弱，节奏如何。

（音效）除解说、音乐、同期声之外的其他效果音。

（特效）用于指导后期制作时用的特殊效果，多见于段落衔接和画面处理。

上述样子中用两种括号指代本段内容。中括号是完全占据视频时空的画面或声音，小括号是辅助、添加性的效果。以上元素可以按需要随机搭配，某一个片子中可能只有画面和解说，也可能只有字幕、画面和音乐，这些都是按照实际情况来的。

实例 1-6

以解说词为主体的普通格式更突出文学性

虽然在解说词方面都是一样的，但文学脚本更符合大众的阅读习惯，所以文学性更加突出，也更加适合与客户交流和达成共识。以下为某海百合化石博物馆宣传视频的文学脚本。

【画面】（各类化石的交叉叠画）

（史诗感的音乐）

【解说】化石是凝固下来的时间。

【画面】（地球诞生的模拟片段）

【解说】46 亿年前，地球诞生了。

【画面】（钟表行走和动物进化叠画演示地球变迁）

【解说】法国科学家形象地把 46 亿年压缩成一天：这一天前 1/4 的时间，地球上是一片死寂；……；23 点 30 分，恐龙出现，但只"露脸"了 10 分钟便匆匆离去；……；23 点 50 分，灵长类的祖先登场，在最后的两分钟里，它们的大脑扩大了 3 倍，成为人类。

【画面】（海百合相关）

（悠扬的纯音乐起）

【解说】在这一天的 22 点 20 分，也就是恐龙出现的三亿五千万年前，海底出现了一种很像植物的棘皮动物，它有多条腕足，绽放的触手随着海水的流动摇曳生姿，像极了风中的百合花，因此人们给它起了个美丽的名字——海百合。

……

在脚本中，为了区别各部分，可以将不同要素以不同的字体或加下划线、加粗等，这样文本看上去会更加一目了然、清晰有层次。

（3）分镜头脚本

分镜头脚本实际上是一种工作台本，主要作用是指导和规划拍摄、后期制作。它与文学脚本相比，更加注重对画面、解说、音乐、特效等元素的安排和处理，所以更倾向于是一种处理方式而非写作方式。

根据需要，分镜头脚本一般设置以下几个项目。

镜号：把预想中的成片画面，以镜头为单位按顺序一个接一个排列下来，以阿拉伯数字表示。

解说：即解说词，与画面同时出现的人声旁白。

画面：以简略语言介绍画面呈现内容。

拍摄方式：主要指拍摄景别、镜头运动技巧等。按照拍摄对象在画幅中的大小比例，景别一般有远景、中景、近景、特写等。镜头运动技巧一般指推、拉、摇、移及其他特殊处理方式。

时长：本镜头的时间长度。

音乐： 所用何种风格音乐。

特效： 后期用何种特效处理。

……（其他根据需要可以设置的项目）

备注： 在实际工作中用以标注和记忆相关内容。

分镜头脚本一般以表格形式呈现，如下：

镜号	解说	画面	拍摄方式	时长	音乐	特效	备注
1							
2							
3							
……							

当然，所有元素都是灵活搭配的，这一个视频可能不需要解说，那一个视频可能不需要音乐，按照实际情况进行自由搭配即可。

还有一点需要说明，一般情况下，视频分镜头脚本不需要像影视剧一样将镜头细化到每一个，可以成组出现或以场景为单位。如通常可将一组镜头标为一个分解对象，也就是前面的"镜号"换作"组号"。

什么叫一组镜头？当我们拍摄一个事物时，通常会用不同景别、不同角度进行展示，这样的几个镜头组合就叫一组镜头。比如，我们要拍一个人，正面来一个镜头，侧面来一个镜头，特写拍一下脸上的笑容，再特写拍一下手部动作，最后再来个远景——这些镜头在后期很可能组合在一起用来展现这个人，这就叫作一组镜头。

镜头不仅可以以"组"为单位来写，还可以按照解说词的句子来写，这样做不仅节省时间和精力，也给了编导和摄像更多的创作空间。当然，法则不能死板地来理解。比如有些精致的形象片，整个片子的镜头本就十分珍稀，每个镜头意蕴也十分丰富，做脚本时也就不要吝惜力气，一定要细细划分和设计。总而言之，一切以实用为准。

实例 1-7

将某海百合化石博物馆的文学脚本转化为分镜头脚本

在上一节分析文学脚本时，我们用了某海百合化石博物馆的例子。如果把它的文学脚本转为分镜头脚本，是这样的：

组号	解说	画面	拍摄方式	音乐	特效	备注
1	化石是凝固下来的时间	各类化石的交叉叠画	特写	史诗感的	淡入淡出	
2	46 亿年前，地球诞生了	地球诞生的模拟片段	动画模拟	史诗感的	三维动画	
3	法国科学家形象地把 46 亿年压缩成一天	钟表行走和动物进化叠画演示地球变迁	实拍钟表，与二维演化图叠加	史诗感的	叠画	
……	……（略）	……	……	……	……	……
10	绽放的触手随着海水的流动摇曳生姿	各种海百合化石，营造动态效果	特写	空灵的轻音乐		
11	像极了风中的百合花	现实世界中的百合花	特写＋远景	空灵的轻音乐	淡入淡出	
12	因此人们给它起了个美丽的名字——海百合	海百合化石特写	特写＋全景	空灵的轻音乐		

1.3.3　合格的视频文案需要在哪些方面下功夫

在学习写作视频文案伊始，我们的目标是达到及格线，拿得出手、派得上用场。为此，我们需要了解相关要点，根据实际情况查漏补缺进行改进。

（1）解说词是重中之重

在我们的各类视频中，以解说词为主的类型占有相当大一部分。我们的观众对解说词带来的超大信息量、高度启发性、深刻内涵意蕴等更加欢迎。同时，解说词具有其他元素无可比拟的灵活性，不仅可以用来阐述事物，还可以用来转场、捏合其他元素等，是初学者必不可少的利器。所以，练习解说词的写作非常重要。

初学解说词写作，要注意以下几对关系。

① **准确与华丽的关系**。解说词不同于一般文学创作，观众在听解说的同时，还要看画面上的各种要素，所以解说词适合简单明了，不要给观众增添不必要的负担。重视用词的准确性，不追求辞藻华丽。描写一个事物，总有一个最适合它的词。用心去琢磨该用哪个词表达更准确，而不用费尽心思去考虑如何写得文辞华美。在视频中，画面才是负责美的那一个。

② **固定提纲与灵感创新的关系**。先写提纲再写正文，重视结构的安排，力求层次清晰。先写提纲后写正文，这是从小学学习写作文就知道的道理。但是我们有很多写作者常常忽略这一点，有了灵感提笔就写。这种"意识流"的写法也可能会出佳作，但不适合初学者。在学习和打基础的阶段，最好能用提纲牢牢把控住节奏，防止偏题。

③ **解说与画面的关系**。有经验的撰稿常说："脑子里要有画面。"视频是声画结合的艺术，解说词是出现在画面之上的，所以一定注意不要

与画面重复，不要自说自话，一定要注意与画面的相互配合、相互生发。比如画面中设计出现蓝天白云，解说词就不要再重复"天很蓝，云很白"，可以写"已经连续两个月没有下雨了"。也就是要写画面中没有的东西，增加画面无法表达的信息。由此还推导出一个规律：解说词尽量少写描述性词句，比如景物什么样、人长什么样等，预估画面可以完成的任务就交给画面。声画结合相当于是两条腿走路，有限时间里可以表达比文学形式更加丰富的内容。

④ **平实与金句的关系。**如果一个视频里有金句，那这个句子大概率会被最终记住并被传播。金句同时是作者思想的体现，在解说词中试着写写金句会有很好的效果。金句怎么写呢？大家可以多多借鉴日常生活中的宣传标语，比如大街小巷的各种条幅，常让人在会心一笑的同时印象深刻。要注意金句不能滥用，用多了就成了抖机灵，就会显得油腻。金句最好用在点题上，也就是起到画龙点睛的作用。

（2）主题提炼是创作的起点和中心

我们学写散文时，老师常强调："形散而神不散"。不论你功底如何，不论是否深刻，首先必须要为你的文案确立一个中心，紧紧围绕这个中心来展开写作。根据实践经验，我们在寻找这个独特主张的时候，最好能用一个词语来表达它。注意，最好不要用句子，因为句子太长了，容易"散"。

（3）综合性思维的锻炼

正如我们反复强调过的，视频是声画结合的艺术，是多元素共同配合起作用的艺术，是一门有着鲜明特色的综合性艺术。因为如此鲜明的独特性，影视艺术又被称为"第七艺术"（也有人认为电影是"第七艺术"，其实影视在本质上是一样的）。画面、解说、音乐、字幕……多种元素都要在文案上得到体现，视频文案因此更倾向于是一种设计、安排和处理，而非传统的文字创作。因此，文案创作要明显区别于文学创作，最需要锻炼的就是综合性思维的运用。这其中，综合性思维又分两个层面。

① **多元素的搭配整合**。在写解说的时候，脑海中要浮现出相应的画面，响起相应的音乐；在设计画面转场的时候，要思考用哪句解说能够不着痕迹地衔接起来；在听到音乐的时候，要思考这个节奏适合以何种形式、用多快的速度来组接镜头……训练到一定程度，你的文案创作一定不仅限于纸面，它突破了二维限制，成为三维、四维的立体结构。你就像交响乐团的指挥一样，指挥一支庞大的乐队奏出荡气回肠的效果。

② **团队间的照顾协作**。就像视频的多元素构成，相对应的工作人员也有很多。我们常常说，视频创作是团队行为，团队就要讲究协作、讲究实际配合。首先，团队中每个伙伴都有不一样的专业水平、创作喜好，文案作为"作战蓝图"就要照顾到这些成员的特点。比如，摄像擅长拍大景而不擅长拍特写，那在写文案的时候就多写一些能表现高远意境的解说，能体现地方概貌的段落，这样让负责摄像的伙伴能充分发挥他的特长，也为视频成品增色。其次，团队在创作条件、资金后援等方面各不相同，作为文案要清楚了解，进行创作时时刻谨记，避免制造不必要的麻烦。比如，某个项目预算有限，文案创作时就尽量多设计资料的使用、简便的拍摄和制作，而避开昂贵的航拍、三维动画制作等动作。

总之，视频文案是团队创作的一部分，不要闭门造车，也不要单打独斗，而应该在综合各方面条件的基础上进行糅合再提升。就像把铁炼成钢，文案就是一个大熔炉，希望我们都能打造出一个不一样的新世界。

写好视频文案的 19 个技巧

2.1 巧立意

我们常说一句话："好的选题决定成功的一半。"而选题不仅是指拿到手的题目，更指创作者如何阐释这个题目、如何对既有的题目赋予价值，这就是立意。不论是做栏目，还是做独立作品，哪怕是电影、电视剧，首先要面对的就是选题这一关。那么，如何挑选题目？拿到题目，又如何通过立意让它绽放光彩呢？

2.1.1 时刻谨记"这个选题能给观众带来什么"

我们创作一个作品是为了什么？有人说作品是创作者内心的一种抒发，就像画家画一幅画，钢琴家倾情弹一首乐曲。但作为视频创作来说，我们的侧重点要有所不同，那就是：我们是带着服务使命的。我们的作品不光是表达自己，更重要的是服务受众。即，我们是服务者，服务于受众的需求，服务于市场的需求，服务于大环境和时代的需求。想清楚了自己的站位，我们就可以更好地理解自己的使命。

拿到一个选题，我们首先要看它能给受众带来什么？是有用的资讯？

是避免受损的警醒？是引人一笑的娱乐？还是让心灵有所启发？常常这样想，就不难从中发现选题的价值所在。

有一些创作者，经常一来灵感就挥毫泼墨，尽情抒发自己的感受，认为这才是"创作"。就连著名的动画大师宫崎骏都曾说过：我从来不考虑我的观众。我们真的可以不考虑观众吗？一般情况是，除非你已经达到高手境界，否则还是要好好考虑你的受众怎么想。许多高手乃至大师说是不考虑观众，那是因为他们早已把观众放在心中，早已同观众的喜怒哀乐融为一体，所以在创作中只需关注自己的灵感挥发就可以了。但是作为批量生产、注重市场的视频创作，尤其是作为许多"小白"选手来说，不考虑观众容易变成自说自话、自娱自乐。也就是说，要更多地去想"受众需要什么"，而不是"自己具备什么"。

当然，这里的"使命心态"所涵盖的不只是选题，应该说，在创作的整个过程中，我们都要把观众装在心里，急观众之所急，喜观众之所喜。从某个角度来说，就是我们创作者不要自私，要对观众有同理心，能感知他们的喜怒哀乐，能让作品顺利抵达观众内心的情境。

在2019年，有一部动画电影深受观众喜爱，这就是《哪吒之魔童降世》。观众不论文化程度高低，不论年龄职业不同，几乎都给了它高度一致的认同。我们知道，中国每年都有大量的影视作品胎死腹中，即使可以面市也会褒贬不一。那么，在观众口味和审美情趣处于上升期的现阶段，《哪吒之魔童降世》到底命中了什么？

从选题来看，它是一部老少咸宜的传统神话故事，有深厚的文化底蕴和基础。但这远远不够。从近年来多部取材《西游记》的电影票房和口碑情况就可以看出，没有创新就没有生命力，揣摩错了观众心理一样会遭遇滑铁卢。

写好视频文案的 第2章
19个技巧

所以，《哪吒之魔童降世》虽然看似传统选题，但实际上已经被赋予了全新的含义，而且内涵是多层次、立体化的，能够符合各个阶层观众的口味。怎么符合呢？就是几乎每个看过的人都觉得是在写自己：成功的人感觉"这就是我艰苦的奋斗历程"；还在向上奋斗的人士感觉那句"我命由我不由天"喊出了他们不服输的心境；家有青春期孩子的父母说："这跟俺家孩子有点像，看来我要多理解他"；有些与父母有芥蒂的年轻人，通过这部电影可能会融化内心的一点坚冰；而孩子们更不用说，幽默逗趣、生动活泼的故事和场景让他们大呼过瘾……这部电影从选题到内容设置上，尽可能多地击中了各类观众的软肋，所以电影院里一片热泪盈眶。

那么，是不是我们必须要时刻迎合观众的喜好呢？是不是为了讨好观众需要放弃自己的主张和创意呢？当然不是，所谓物极必反，过犹不及。一部好的作品，应该是受众喜好与创作灵感的高度有机融合，两者是互相促进、互为生发的关系。因为当我们尝试走进观众内心，就会发现那里也是创作的源泉。

因此，我们一开始就要想清楚：我要做的这个题目对观众的意义在哪里？能带给他们哪方面的收获？观众的需要在哪里，我们的立意就在哪里。观众的预期收获越大，选题的可行性就越强，创作过程就会越顺利，作品的价值也就越高。

2.1.2 你的目标是"有意思"

当我们看到了观众的需要，选题立意就有了方向，但方向之下还需要更细致的对标。有网友给出一个很生动的例子：如果把写文章比喻成站在山上看风景，那么，主题是看风景，而立意就是站在山上的位置。

同一片风景，因为位置、角度的不同可能产生不一样的风貌；同一个选题，因为切入点、角度的不同也会生成完全不同的作品。世上的思维角度千千万，对于视频来说，绕不过一个"有意思"。

（1）泛娱乐化背景下观众需要"有意思"

尼尔·波兹曼曾指出，在一个泛娱乐化的时代里，"一切公众话语日渐以娱乐的方式出现，并成为一种文化精神。我们的政治、宗教、新闻、体育、教育和商业都心甘情愿地成为娱乐的附庸，毫无怨言，甚至无声无息，其结果是我们成了一个娱乐至死的物种。"

毫不危言耸听，我们当下所处的正是这样一个"泛娱乐化时代"。在海量的信息淹没中，在巨大的生活压力面前，在对前途的迷茫和焦虑里，人们一方面需要得到释放，另一方面需要从过多的诱惑里拽回注意力，这就让"有意思"成为视频创作的首选。

有人会问：我们强调"有意思"，岂不是更加剧了社会的泛娱乐化程度，岂不是助纣为虐吗？逻辑悖论就在这里，不管我们如何挣扎，社会大潮滚滚向前，且不以个人意志为转移，这是无可奈何的事情。但既然不能逃避，我们就只有努力为作品寻找具有吸引力的点，在此基础上树立积极向上的价值观，这样才能在大潮中稳住自己，这样的努力多了就能改变潮水的流向。这里，我们要明确一点，"有意思"不是指的靠低俗趣味吸引人，而是靠立意的新颖有趣和智慧的闪光为作品注入灵魂。

在大的娱乐环境下，受众群体正趋于两极分化：一部分人热衷于娱乐化，注意力越来越贫乏；另一部分人则希望从各类作品中看到更有意义的一面，从中吸收营养、保持清醒认知。当然还有更多的受众处于中间地带，经过长时间的娱乐轰炸，他们对娱乐化的需求在减退，转而希望关注生活、关注社会。他们也需要不断为自己"充电"，希望接受健康、积极、有效的引导。我们的作品应该照顾到两极的趋向及区间的受众群体，既有向上的价值，又以趣味性让观众看得不累、看得舒心。

（2）如何做到"有意思"

如何从立意上、选题上实现"有意思"，以下有几个常用的技巧。

① **有趣或有用的两极选择法**。简单来说，就是要让你的作品要么有趣味，要么有意义，在轻松愉快和有用处、上价值之间二选其一。曾经看过一个视频，是一个精瘦的黑人朋友在一块荒地上单人徒手挖出一个游泳池，还带着地宫一样精致的休息间。这个视频并没有什么高超的技巧，要说意义，除了体现劳动美，似乎也无特别高大上的追求。但是时长十几分钟的视频，很多人惊呼不知不觉竟然"从头看到了尾"！要知道，在这个注意力稀缺的时代，我们常常连一个一分钟的短视频都忍受不了，很多平台更是将15秒视频设为常用模式。人们为什么喜欢看这样的视频呢？因为觉得非常有意思，在这个机械时代，有人不借助大型工具就可以造出非凡的建筑。它似乎没什么用，但带给了我们新鲜的观感和体验。

② **要么在熟悉中找陌生，要么在陌生中寻熟悉**。这是另一个两极选择法。当我们拿到一个题材却不知如何下手时，可以尝试这两种相反的路径。在熟悉中找陌生，指的是在平常司空见惯的事件中给出不一样的视角、观察或者看不到的一面。在陌生中寻熟悉，指的是面对观众陌生的领域，我们要从中找到观众熟悉的点，让观众和陌生题材之间建立连接。

人们为什么喜欢看纪录片？在纪录片里，创作者力求以最贴近真实的视听手段还原现实，有些选题就是我们每天经历的平凡生活。但搬上银幕

（屏幕）之后，为什么大家还喜欢看呢？难道看自己的生活还不腻吗？

"你见过什么样的中国？是 960 万平方公里的辽阔，还是 300 万平方公里的澎湃，是四季轮转的天地，还是冰与火演奏的乐章。像鸟儿一样，离开地面，冲上云霄，结果超乎你想象。前往平时无法到达的地方，看见专属于高空的奇观。俯瞰这片朝夕相处的大地，再熟悉的景象，也变了一副模样。"——《航拍中国》

来自纪录片《航拍中国》的这段经典开场白透彻地说明了这个问题。山川风貌、风土人情，我们对祖国大地并不陌生，但是当换个视角从空中俯视，这些却呈现出一片令人惊艳的不同色彩。这就是在熟悉中找陌生的最好注脚。

人们又为什么喜欢看《动物世界》呢？非洲大草原上的狮子跟我们有什么关系呢？就是因为人们从动物身上看到了人类自身。它们如何繁衍族群，如何与同伴相处，如何为了生存拼搏进取，这不都是人类生活的真实写照吗？这些熟悉的点就是陌生题材可以打动我们的原因。

《航拍中国》换个视角看熟悉的景色

③ **巧用转化接地气儿。**有人可能会问：如果拿到手的题目本身就没有什么意思，那我该怎么办呢？那我们要想，有没有办法找到一个点，让它与生活、人生、社会、世界联系起来，也就是与我们息息相关的现实事物联系起来。

2012年，有一部现象级的纪录片《舌尖上的中国》让人记忆犹新。据主创团队介绍，这部纪录片原本的策划是柴、米、油、盐、酱、醋、茶七集。团队主创在开头脑风暴的时候，发现这样的立意要做得有意思很难。他们曾想从燧人氏钻木取火开始讲柴，从潘冬子送盐的故事讲盐，但后来都推翻了，原因是与现实接合不密切，也就是不接地气儿。经过思索创新后，主创们把这个选题重新划分，还是七集，但立意完全变了：食物的获取——《自然的馈赠》、食物的消费——《主食的故事》、食物的加工（化学）——《转化的灵感》、食物的储藏（物理）——《时间的味道》、食物的烹调——《厨房的秘密》、食物的调味——《五味的调和》、食物的健康——《我们的田野》。这样的分集和选题，将原来"美食"的概念转化为"食物"的故事，意境一下扩大，立意也深远起来。"美食"是人们酒足饭饱之后谈论的事情，而"食物"却是所有老百姓共同的话题，格局的变大不仅关照了普通人的收视心理，也给创作开辟了广阔空间。

④ **不一样的角度让作品增加"意思"。**有时候，我们手里的选题是很常见的，我们也常常惯性地用以前的方法去想去做。以前这样做过，说明立意没有偏差，但却差在没有新意和高度上。作为创作者，我们的使命就是要想他人之未想，思他人所不及。所以，面对一个选题，我们要常常问自己：除了大家普遍认同的看法，还可以提炼出哪些价值观？除了大家一望而知的事情，还可以挖掘哪些不为人知的一面？

两个选择，哪种更有意思

如果要拍一个老人学开车的纪录片该如何立意呢？当看到这个选题的时候，很多人会把它当作社会新闻来对待，也有人认为要体现"老有所乐"。"老有所乐"这个点并不是不好，只是比较平常，不容易出效果。创作者遇到这个选题后，先与当事人进行接触，之后，发现可以更有意思的一点。

事情是这样的：

主角是一位当时 75 岁的老人，性格乐天活跃，平时的爱好除了开车就是书画，有点像老顽童。到这里一直很符合"老有所乐"的主题。但当去采访老人的老伴儿时就出现了不一样的声音。老伴儿是个实诚人，在镜头前直截了当地表示反对老头开车，理由是不安全。而老人说起学开车以及后来上路开车的历程，我们发现过程也是困难重重，老人从在驾校开始就遇到了各种阻碍，那他是如何克服的？政府对上了年纪的人开车有什么样的特殊政策？

这个片子到这里就面临两个方向：可以只采用事情表面的信息，体现"老有所乐"；或者挖掘背后的故事，适度挖掘和展现一个社会问题。

这个时候，创作者选择了后者。而且最后的采访结果也是让人感动的：老伴的"刀子嘴"其实都是源于关心；驾校当年虽然出现教练拒教的情况，但是校长亲自出面解决了这个问题，还亲自上门送驾照；上路之后，交警部门有严格又人性化的体检等措施，帮助老人安全开车。

这样，这部片子就不再是简单的老有所乐，它有了深度、有了灵魂，在温馨之余让人思考"老人开车"这个社会话题。

 扫码看视频1：
短纪录片《驾驶新秀丁子牛》

当一个观众看了你的作品，露出意味深长的微笑并且说："有意思。"那他回味的就不仅是有趣、好玩儿，还有更多的立意和指向。作为视频文案创作者，我们的目标就是在这些值得回味的内容和价值意义之间搭建桥梁，让好玩儿变得有内涵，让"高大上"接地气儿，用足够的力度吸引观众一看到底。

2.1.3 只有一个最准确的词

从广告学上来说，根据产品和消费者的情况，要做到恰当，只有一个能够表示它的字或词，只有一个形容词可以准确描述它，从销售理念上来说，也就是 USP（独特的销售主张）。视频作为一种产品，它所具有的宣传和服务性质，也要求它一次只能传达一个意思，立意要精准而清晰，能够概括形容它的词有且只有一个。我们的任务就是要找到这个词。

打个比方，我们要找一个词来形容一个小姑娘，是用"可爱"，还是"调皮"，或者"任性"？总有一个词是当时情境中最准确的。如果把所有的词都加在一个人身上，这个人就会显得面目模糊。同理，如果一个视频的立意可以用多个词来表达，立意就会显得语焉不详，传播效果就会软弱无力、混沌不清。

实例 2-2

找到你的销售主张

某品牌汽车想做一部解说比较饱满的宣传片，用于 4S 店销售时播放。笔者在准备视频文案时，经过熟悉情况和仔细考虑，觉得他们更适合做成一部形象宣传片，尤其是需要提炼一个明确的主题。这个主题最后被定位于一个词：伙伴。

为什么是伙伴？它涵盖了两个层面的内容：一个是该汽车品牌的定位，不管是军工用车、工程用车，还是家庭用车，它倾向于实用、助手的功能，是车主的好伙伴，而非很多其他品牌的车所打出的奢华、身份象征等标语；另一个是该汽车品牌与本地的合作，本身就是一种伙伴行为。

一个词，两个层面，恰到好处地全面表达了客户的销售主张。

只用一个词来概括我们的销售主张，还有一层好处就是更容易以此说服客户，让客户看到我们的坚定、果断和实力。

有人可能会有疑问：宏大且层次丰富的视频只用一个词怎么能概括得了呢？比如上文所说到的《哪吒之魔童降世》，它的看点不就是丰富多彩的吗？我们可以用主论点和分论点的关系来做类比，看点再丰富的作品也都有且只有一个主题，也就是它的最高立意；在此之下又有许多分论点，也就是支撑大主题的小看点，看点的丰富都是为了服务大主题，丰富和精准之间并不存在矛盾关系。

　　还有一点要注意，我们说要"找到"这个唯一的词，而不是"制造"一个唯一的词，是基于对自然和规律的尊重。那个"唯一"就犹如蚌里的珍珠，用惑人的外表掩藏着自己。我们只有潜心观察、思考，发挥联想力去寻找，才能最终发现闪光的秘密。

拉框架

因为视频线性传播的特性，观众想要纵观全局、把握脉络要比阅读纸面文字困难一些。所以，视频文案在创作时要特别注意对框架的打造，力求结构清晰、层次分明、脉络一目了然。

2.2.1　人类对秩序和结构的需要

著名作家纳博科夫曾说过一个有趣的见解："风格和结构才是一部作品的精华，伟大的思想不过是空洞的废话。"很多人将这句话视为"偏见"，但无可否认，风格和结构确实是一个作品的核心之一，也是人类本质需求之一。

在大家所熟知的马斯洛需求层次理论模型中，人对安全、秩序、稳定的需求被称为"安全需求"。如果这些方面的需求得不到满足，便会感受到危险和焦虑。在这个理论模型的五个层次：生理需求、安全需求、归属与爱、尊重需求和自我实现中，秩序所处的安全需求位于第二层级，是仅高于生理需求的基础性需要。也就是说，如果生理和安全问题没有得到解决，人几乎（当然有例外）不可能追求更高层次的东西，比如情感和道德。所以，对秩序的追求可以说是人的本能和天性，这一点也充分体现在艺术审美中。

在现代汉语中，秩序指的是有条理、有组织、不混乱，各个部分整齐守规则。在一个视频中，秩序的形成很大程度上来源于结构。秩序与结构是互为生发的关系，良好的秩序感推动一定结构的生成，而刻意打造的结构又让秩序稳固。在视频创作中，打造秩序和结构的责任首先落在文案（尤其是脚本）的创作上。视频文案有没有秩序和结构，不仅决定了成片的艺术水准，更从根本上指导着其他工种的创作方向，结构塑造得好，导演、拍摄、后期制作也会更加顺利和清晰。

在心理学中，还有一个经常用到的词，叫"元思考"。元，本义是指人头，意为功能非常重要，因此也表示本源、首要、第一的意思。"元思考"，即是"对思考的思考"。由此而衍生开来，经济社会中有一个词叫"元信息"，顾名思义，元信息指的就是"关于信息的信息"，它是信息的源头，也是信息的总括。

智识营的创始人 Lachel 曾提出：结构本身就是一种信息，而且是更为重要的元信息。这句话如何理解呢？在我们一般认知中，结构是一种工具性的存在，它是一种框架，比较有条理地容纳我们所要展示的信息。但是 Lachel 所指出的却是我们常忽略的另一面：结构本身就是一种信息，它并不游离于信息之外，而是信息的源头性存在。他还举了一个例子：如果让你讲出自己家里有哪些家具，你是不是下意识地会分为卧室有什么、客厅有什么？也就是说，人的大脑是本能地具有结构划分需求的，信息在人的大脑中是结构化认知和存储的。

我们所要创作的视频文案就类似于大脑，我们不仅要想让信息清楚明晰地存放，还要让框架本身成为内容的重要部分，这就是拉框架的意义所在。

2.2.2 拉框架对写作的帮助

除了认知心理学上的需要，拉框架对我们的实际写作也有非常大的帮助，这对我们文案创作来说是更重要的方面。

（1）理清思路和指导规范

相信我们在学写作文时都被老师要求过：写作文要先写提纲，打草稿，再正式写到作文本上。笔者小时候仗着文字功底不错，一度看不上写提纲的行为，认为那是笨人才做的事情，聪明的人一定是文思泉涌、一气呵成的。等到后来作文的难度提高，特别是出现议论文写作之后，不爱写提纲的毛病让写作文成了一件痛苦的事情。不写提纲的情况下，无论怎么写，总是不能写得非常有条理，论述捉襟见肘困窘不堪。笔者那时才意识到犯了多大的错误，于是开始老老实实地学写提纲。神奇的是，虽然有时只是划一个大括号，然后列几条主要论点，按照如此粗陋的框架写下来，作文整体面貌却有了大幅提高。

小小作文需要提纲，提纲就是最原始简单的框架结构。结构就如同地图，让我们的写作思路清晰、更加有条理、不易散乱走偏。照图行走就容易到达目的地，瞎闯乱走就容易迷路。视频文案是更为复杂的文字创作，如果没有事先计划好的结构，不仅写作者本人容易迷失，观看文案和视频的人也会云里雾里绕不出来。

视频文案的功能主要集中在两个方面：一是作为视频的一部分为观众提供信息和艺术美感，二是为创作团队提供创作地图。就像我们在前文中所讲过的，因为视频的线性传播特性，观众要想迅速理清结构脉络并不容易，这时就需要结构性的信息来进行提示和引导，从而让观众更准确地理解所传达的内容。而在具体创作中，由于视频构成要素较多，就需要进行编排、处理，视频文案就承担着绘制这个地图的功能，结构上越清晰，团队的创作就越轻松。所以，从这两个层面上来讲，结构都如同地图一般起到向导和规范的作用。

（2）帮助减轻写作压力

写作不是一件轻松的事情，视频文案写作因为需要顾及的方方面面较多，创作起来尤为不易。这些困难容易让写作者在开始就陷入压力和焦虑中。而这个时候，拉框架和列提纲就成为一个很好的化解压力的方法。

① 结构作为一种元信息，其实是对整个文案的概括和总述，可以站在一个更高的角度上总揽全局，在不泥陷于细节的前提下，以上帝视角和旁观者的角度进行清醒地认知和架构。这对帮助树立文案主题、确定论点论据及案例的分配特别有用。

② 提纲和框架是列在草稿纸上的内容，它不会对细节有过多要求，不要求文笔，也不要求具体构思，而且随时可以更改和修缮。这些宽容性的特点让列提纲、做结构不会太心累，轻松之间其实就完成了一项重要的工作。

③ 框架拉起来后，文案也就被条块分割为几个部分，如果更细致的话，部分之下还有层级。这样，我们的任务也就随之化整为零。我们在正文写作的时候，不用再面对一次性完成整篇文稿的压力，可以一部分、一部分地分次来完成。因为有框架托底，我们也不必担心分次完成会造成思路中断。

（3）对阅读和写作能力的提升作用

在我们的学生时代，老师会对读书提出要求：要学会把书读薄，一本三四百页的书，读到最后要能够用一页纸来概括。初时，我们对此常简单地理解为是对熟悉程度的要求，要十分地熟悉才能用一页纸来囊括一本书的精华。通过实践和琢磨，我们才发现这实际上是锻炼大脑的结构化和提炼的能力。试想，我们把一本书读得越来越薄的过程，实际就是不断进行提炼总结，再把这些概括内容结构化提升的过程。第一步可以把一小节总结成一小段，接着可以把一章内容总结成一段话……最后，一本书不仅可以薄成一张纸，甚至可以简单成一句话。

但是薄成一张纸的这本书，真的就只是这张纸上的内容吗？不是的，它丰厚的内容其实在纸的背后——我们的大脑中。我们不需要在纸上详细写这些内容，只需要一些提纲、一些关键词就可以带起大脑储存的信息。书里的内容被分门别类堆放在大脑中，就像一间间不同的房子，而这些提纲、关键词就是房间的门牌号和提示牌。当我们需要提取信息的时候，只需要按照门牌提示就可以迅速找到我们想找的内容。所以，一本书看似薄成一张纸，实际上并没有落下什么，只是以结构化的方式存进了我们的大脑。因此，读书要尽量先读原书，尽量不要先读拆书稿或者类似的精华反刍，因为那些是别人的结构化信息，无法牵连我们自己的相关记忆，也无法让我们真正读到一本书的妙处。

结构化对阅读来说就像往房间放东西，那么写作就像从房间取东西。结构越清晰、"房间"越突出，我们提取信息的过程就会越顺利。

所以，不论阅读还是写作，我们要养成列提纲、拉框架、打结构的习惯，这种习惯不仅可以随时把我们从跑偏的路上拉回来，更会帮助我们减轻创作压力，培养我们的记忆力、阅读力以及写作组织能力。

2.2.3　拉框架的实战经验分享

一般来说，拉框架主要包括这样几个任务：起题目、列提纲、细化层级、安排论点和案例。除了写文章时常规的列提纲、拉框架方法，以下分享几个创作时的常用技巧。

（1）拆分法

如何表现一个主题？方法就是把一个大主题拆分成数个小主题。这个方法不仅可以用于写作，还可以用在其他问题的处理上，我们可以称它为"拆分法"。

塑造结构的一个基础操作就是按照主题来拆分板块。一个主题包含哪几部分内容，这几部分就可分为几个小板块。同时，各个板块要时刻向大主题看齐，保持主题的一致和集中。

需要注意的是，几个板块如何排列是值得认真思索的问题，它们或者完全平级，或者前后相继，又或者以某条线索串联在一起。总之，需要将各个板块有机组合，不能散乱无联系。

实例 2-3

一位女企业家的形象暗线

在某一年举办的模范先进人物评选中，本地一位女企业家入选。她本人身体不好，处在常年求医状态，但是对社会弱势群体特别关心，不顾身体抱恙扶助了许许多多患病的孩子，而且她心地善良、容易感动。作为企业家，她的事迹有很多，但是为了服务于活动主题，就要有所取舍和提炼。

经过思考，将这位女企业家个人形象视频划分为三个板块：善良无私（帮助生病的孩子）、个人状态（患病，治理企业，操劳努力）、社会大爱（抗震救灾等）。三个板块看似相对独立，但是设置了一条暗线，就是主人公与他人的真挚感情。不论是帮助生病的孩子，还是为贫困老人捐盖新房，还是在国家有难时慷慨解囊，都设置一点"情感戏"，比如与生病的孩子抱头痛哭，与老人相视而笑，为了地震捐款情绪激动等。因为主人公本人的情感丰富，我们抓住了这一点，从而让人物形象饱满、真实、吸引人。

（2）根据素材情况决定板块容量

视频文案创作与普通写文章有很大的不同，因为我们需要应用的元素很多，有现成的文字、图像，也会有待拍的视频素材。当如此大量的内容来到我们面前，它们的容量比例可能会跟我们预想的不一样。比如我们原来设想可以平均分配的两个板块，最后却发现一个有大量丰富的材料，而另一个乏善可陈。这时就需要改动板块设置，在结构分配上重新进行容量分配。总的原则就是：哪一块内容丰富，可用资料、可拍素材较多，我们就把哪一块作为重头戏来写。

这一点也属于视频创作综合性思维的一部分，要时刻谨记，视频文案不是纯粹的文字创作，也不是某一个人独立的工作，一定要学会统筹安排、互相照应，与其他各方面打好配合战。

（3）学会运用小标题

文案分为几个部分，每个部分都要有自己的小题目。小标题可以简单、正式，也可以艺术化，比如不作明显分割，只以字幕形式提示板块转换。总的来说，小标题不仅起到"另起一行"的作用，还可以帮助我们把思维固定，同时也可以用精彩的标题词句作点睛之笔，它是拉框架的利器。

实例 2-4

用小标题来提神

工作汇报、经验总结一类的视频一般比较长，内容基本上都由解说词来表达，一不小心就会枯燥无味，脚本创作压力大。这时候，我们要善于用小标题来提神，将长篇截为一个个小短篇，让观众来不及觉得枯燥这一段就已经讲完了。

以下是一个文案摘录，内容是关于一个企业党建的，整个文案字数在2200字左右。注意：当遇到超过10分钟的长篇时，小标题一般是必不可少的。

【画面】太阳初升，光线扫过某大厦。旗手将旗帜抛向天空。

职工们互相打招呼，精神抖擞地走进大楼；会议室里座无虚席，员工在展示项目PPT；工地上工程师在测量，工人在施工；物业服务人员躬身为客户开门；轮船鸣笛启航。

【解说】这是某集团崭新的一天。

成立于新世纪，崛起在新时代。正如奔跑的人必须要有一颗强有力的心脏，在某集团，党建绝不仅仅是一个符号，更是集团在新时期发展壮大的根基和力量源泉。

【小标题1】打造政治高地，发挥党建规范力

（本部分讲述集团在党建工作方面的规范和高标准。）

【小标题2】发挥旗帜作用，聚合党建生产力

（本部分讲述党建工作如何促进和发展集团生产动力。）

【小标题3】兑现集团承诺，熔铸党建责任力

（本部分讲述集团在党建引领下的社会奉献。）

从上例中可以看出，小标题之间是并列齐平的关系，它们的"起名"最好对仗工整，单念几个小标题也可以朗朗上口，体现语言韵律美。

（4）熟练使用模板

虽然比起传统文学，视频的历史还很短，但也产生了不少常用的套路。以下分享几个常用的模板。

① **总—分—总结构。** 与议论文相似，开头抛出主题，中间用几个板块分而论之，最后总结点题。这种形式最常用也最稳妥，常用于工作汇报片、专题片、宣传片等。

② **追溯结构。** 将结果放置在最前面，为了探求原因一步步向前推进。这类形式常见于社会民生栏目、侦探片，也可用于悬疑类的短视频。比如"李大娘家的鸡蛋丢了，到底怎么回事呢？"再从某个线索开始一步步查，追本溯源。

③ **剥洋葱结构。** 剥洋葱是什么样的？就是一层一层剥，越剥越辣，

直到让你泪流满面。应用到视频脚本中，就是用一个又一个情节推进，层层递进，情感累积，到某个点达到情绪高潮。就像前文所举的女企业家的视频例子，开篇是一个患白血病的小女孩来看望主人公，两人相拥痛哭，引出近几年主人公帮助的患病孩子。接着深入主人公的生活、工作，将她日常的一面展现给大家，目的是让大家看到做奉献的人也是如此普通的人。再写到她帮助贫困山区老人孩子的细节，到这里观众的情绪已接近高潮。最后写她作为企业家对本地和国家的贡献，这是升华也是点题。

④ **剥大蒜结构**。有人可能会问：剥大蒜和剥洋葱有什么不同吗？剥洋葱是一层层深入感人的核心，剥大蒜却是一瓣瓣拆解下来，相当于我们传统戏剧中的"花开两朵，各表一枝"。大蒜是抱柱而生的，这个"柱子"就是我们的主题，要在主题大的统领下分部分进行各自讲述。这种形式适合进行人物群像的描写。比如，要制作一个各个阶层、不同职业的人们拜年的视频，就会有相应的许多个主人公，每个主人公都有一个小故事，但总体都围绕过年的主题。

⑤ **一珠到底结构**。有时候需要表现的板块较多，它们之间没有明显的联系，就可以寻找或者创造一个鲜明的元素，让它贯穿到各个板块中，类似于穿针引线式地将各个板块串在一起。

实例 2-5

制造一个走到底的人

曾经有一个城市的宣传片，因为需要宣传的部分较多，工业、风景、人文、生活等，这些板块之间没有明显的必然联系。文案如果分着来写，可以想见最后的呈现一定比较散而无神。但是，创作者创造了一个"女摄影师"的角色，构想上是这个女摄影师来到这个城市进行旅拍，这样她就可以走到想呈现的每一个地方去。这个外形清爽的女摄影师相当于观众的眼睛，她担任宣传片的视角，穿梭于各个地方，并且用"她"拍摄的画面作为各个部分的节点精华、转场等。

⑥ **故事结构。** 如果视频是关于一个人或者事件，那么按照写故事的方法就好。

⑦ **音乐结构。** 有些视频或者视频的有些部分需要强调节奏，这时解说词就退居次位，重点以音乐突出节奏和氛围，再辅以字幕进行信息提点。以音乐做结构的时候，可以选用一首音乐，也可选用多首音乐进行剪切变换，营造出自己所需要的感觉。这种形式多用于形象片、短视频等。

严格来说，打结构、拉框架也包括起标题，但是起题目常常需要在写作的过程中捕捉一个灵光一闪的概念，继而编写成切题又亮眼的题目。实际工作中可以根据个人的习惯进行处理。

总的来说，结构就像是托举整个文案的骨架，框架牢靠了，细节的填充就会倍感轻松，写作也就水到渠成、效率倍增。

2.3 组内容

在树立主题、确定结构之后，下一步的任务就是要搜集素材，为正式写作做好物料准备。这一环节主要做好以下几个方面的工作：调研获取第一手资料、寻找搜集第二手资料、检视或预设拍摄素材、对所有材料进行整理分类和归纳。

2.3.1 脚力：通过调研获取第一手资料

所谓调研，指的是通过运用各种调查研究的方式，对所要展开的创作主题进行多方面的实地考察、资料获取。

有人会问：文案写作又不是市场报告，为什么需要调研呢？坐下来安静地开始写不就行了吗？答案当然是不行。"没有调查，就没有发言权。"调研是尊重客观事实与规律的体现，更是丰满主题与创作的需要。在视频文案创作中，我们将资料获取也列入调研的范畴。可以同时进行的任务就一起解决，这也是在创作中要遵循的效率原则。

调研的首要任务是确定选题的可行性，如果在调研中发现偏差，应该及时纠正处理，这是一个来回磨合的过程。假设选题可行性已经成立，调研还需要做什么呢？

（1）带着规划找论点、案例、细节

通过前期结构大纲的确立，我们已经有了主要创作方向，接下来需要填充具体的论点，论点又需要案例和细节的支撑。

什么是论点？我们可以用议论文来做类比。议论文有三个关键要素：论点、论据、论证。论点包括大小观点，具有层级之分；论据就是支撑这些论点的事例、判断或根据；论证就是用论据证实这些论点的过程。对应到视频文案中，论点就是以主题引领的各个层级大纲，论据就是相关的案例、人物和细节支撑，而论证就是用这些事实来讲明道理、酝酿感情的过程。

如果是一个层次较为丰富的视频，它的主题是需要多个小论点来支撑的。比如要创作一个关于"春节"主题的视频，在这个大的主题背景下，可能要涉及的论点有：亲情、团圆、奋斗、奉献等，这些多样性的话题构成了总的"春节"概念。

所以，在调研的时候就要多发现跟主题紧密相关的小论点，然后再寻找能够支撑这些小论点的人物、事例、细节。需要注意的是，对每一个找到的"点"要收集尽量多的支撑信息，因为随着写作的进行，某些布局可能会发生变化，一些原来设想中的小点可能会变为重要部分，所以前期搜集的时候就要做足功课，做到"开合自如"。比如，某个事件的大背景是什么年代，发生了什么重大事件等。

农村跳起城市的舞

多年来,本地舞蹈协会的几位老师一直坚持教大山里的孩子跳舞,这既是"送文化下乡"的活动之一,也是他们对教育扶贫的一种坚守和奉献。

当定下《农村跳起城市的舞》这个主题以后,笔者便前往舞蹈协会、舞蹈老师家、大山深处的农村学校、农家等地进行调研。一种文化现象的诞生和绵延,一定有它特别而多层次的道理,也一定有丰富的内容可以展现,这是笔者调研初始就有的信心。通过多方问寻,笔者得到了这样几个论点:舞蹈协会的老师们做成这件事不容易,他们翻山越岭,甚至冒着生命危险;山里的孩子对文化尤其是先进文化的渴望;农村家长对孩子学舞蹈的态度和由此产生的矛盾冲突;"送文化下乡"对于改变山乡教育的意义。

当然,这些论点每一个都可以单独拿出来作为一个大主题,但当把它们巧妙地糅合在一起,就描绘出了一群为理想艰难奋斗且快乐的人物群像,建立起了一幅丰富生动的文化发展图景。

（2）人物采访

在寻找第一手资料的过程中,人物采访是一个重要的手段。

此时的人物采访可以采取两种方法:一是纯粹为调研服务,由编导一个人一支笔寻找资料；二是与拍摄同步，一边拍摄一边挖掘所需要的素材。较常用的是第二种手法，因为这样既完成了拍摄的一部分，又可以用摄像机记录下采访内容，可以避免个人记忆的遗漏偏差。所以，这里分享的人物采访经验也可用于正式拍摄时的人物采访。

如果细心观察，会发现不同的记者或编导采访的效果大不相同。即使面对的是同一个被采访人，采访出来的内容也大相径庭；有人采访宽松随意像拉家常，有的人却把采访弄得像新闻发布会一样严肃紧张。当然，具体哪种风格更好，要看题材和主题的需要。但如果为了调研，为了从被采访人身上挖掘出更多的内幕和详情，最好将气氛营造得宽松一些，让被采访人更容易说出心里话。为了达到这个目的，至少需要做好以下几个方面的工作。

① **采访前的准备。**我们看过不少主持人因为做不好功课而被怼的笑话。位于采访位置上的我们也一样。在与被采访人接触前，我们需要有最基础的了解，包括人物的身份、经历、在这个视频中所充当的角色等。我们要有所准备，这是对被采访人的尊重，也是为了采访过程的顺利和更有成效，一切都是值得的。

② **采访姿态。**面对被采访人时，有的人习惯高高在上，也有的人过于谦卑似在讨要，还有的人看对方的阶层身份决定自己的姿态。作为一名创作者，或者一名记者、编导，在面对任何被采访人时，不卑不亢都是最好的态度。这不仅是创作的态度，也是为人的姿态。

那怎样才能让被采访人说出心里话呢？秘诀就是：面对能量比你强大的人，要记得对方也是普通人，和所有老百姓一样需要吃喝拉撒，他们也会发愁烦恼；面对能量比你弱小的人时，要记得他（她）能站到你的面前，一定有他（她）独特的价值，不能小瞧了任何人。在这样的心理基础上，尽量做到谦和、平易近人，这样就会拉近与对方的心理距离，也就能更为顺利地挖掘出自己想要的内容。

③ **熟悉程度**。一个好的采访，与采访者和被采访人的熟悉程度是有关系的。试想，你与一个刚刚才知道名字的人共同话题多，还是与老朋友话题多？自然是越熟悉越有话，采访也越加自然流畅。所以，如果是一个长篇大作，不妨尝试花一点时间与被采访人接触，融入他／她的生活，作为朋友去挖掘信息。

④ **好的被采访人**。这是最无奈的一条，就是可能你做了充分准备，姿态亲近自然刚刚好，但是跟被采访人磨合好久了也无法打开他（她）的心扉。那么，这时你就要考虑换一个被采访人了。因为有的人非常不容易被采访，口才、性情等方面的原因短时间无法改变，这也不是一个视频创作可以承担的使命。所以，如果遇到类似情况，请尽快换一个被采访人才是上策。

（3）勘测拍摄环境

调研的另一个重要任务就是勘测拍摄环境，也就是作为先头部队考察哪些内容可以拍，哪个地方适合拍，哪些素材在什么时间点拍摄等。这些工作不仅是服务于拍摄，也是为文案脚本写作做准备。当拍摄还未进行的时候，前期进行的这些考察就实际上就是预设的拍摄方案，素材虽然还没拍但已经在脑中了，这样就可依此进行脚本设置和写作。

2.3.2　眼力：搜寻第二手资料

搜寻第二手资料与调研在顺序上无所谓先后，甚至可以同步进行，因为有些资料在调研的时候也会被发现。我们把这一环节单独拿出来讨论，重点是分享其中的一些方法。

（1）老物件、老照片、老影像

当进行物料收集的时候，需要对一些"老"字当头的东西特别留意。为什么呢？因为隔着岁月烟尘，一些老事物格外有味道，它们被保留下来一定是出于某种原因或目的，不会无缘无故。它们是故事的发端，可以牵连出更多的信息。

其次，在讲述一些事情尤其是表现情感、过去等无法用具体图像的段落时，这些老物件、老照片等就成为一种"抓手"，成为观众视觉的着落点，让我们的讲述有点可依。

这些资料的来源渠道一般有：当事人的收藏、历史遗迹、博物馆和档案馆的馆藏等。

实例 2-7

历史类视频用老资料穿针引线

曾经有一个介绍历史人物的小专题片，主人公生活在民国时期，虽然出生在本地但主要活动轨迹不在这里，由于一些历史的原因，相关资料也非常少。解说词是容易写的，因为关于他的文字材料还算整齐，但只是常规的生平记录，很难与现在的观众构建起联系。

经过努力，我们联络上了主人公的小女儿，她提供了许多她父亲以前的老照片、来往书信的电子版。这些资料太珍贵了，不能仅仅作为背景出现，我们决定让它们作为视频的主角出现。

在脚本创作时，我们用这些老照片和信件作为每个节点的引子，继而带出当时的历史背景和相关事迹，这样就让历史与现实有了交接，让观众与历史人物有了联结点。比如某个段落这样开头：

"这是一张来自86年前的老照片，照片上在中间位置的就是某某（主人公），当时他正打算起程前往东北，配合某某同志展开某某行动。照片左下角是他年仅6岁的小女儿，她对父亲即将踏上的艰险历程一无所知，正满心期望着照完相后让父亲带着去看大马戏。"

这一段解说词后接主人公小女儿的采访，采访内容即从这张照片开始说起，过渡自然，与现实有接点，让历史不再陌生。

（2）相关记载和报道

有时候，我们要做的人物或者事件可能已经在其他媒体出现过，尤其是社会名人、道德模范等，我们要着重搜寻一下相关媒体是如何进行报道的。这样做的目的有两个：一是更全面地了解事实真相，二是知晓他人写过的角度，避免创作的重复。这些资料的搜寻可以通过以下渠道：博物馆和档案馆馆藏、报道过的媒体、所处单位或当地的史志/地方志、人物自传或者他人的记载等。

有时候，关于人物和事件的评价不一定写在纸上，有可能是在人们心里。所以，我们要注意搜集事件和人物在当地的一些相关言论，看人们是如何看待这个人或者这件事的，从群众的口中我们会得到更多有价值的东西。

除了人物和事件本身，我们还需要将目光放宽广一些，查找尽量多的背景资料、相关术语等，这时候就需要用到网络工具。最简易的方法是用各种搜索工具，还有相关的网上图书馆等。

2.3.3 脑力：对素材整理和归纳

有一句趣话：哪怕你对垃圾进行分类，垃圾也会产生价值。整理、分类、归纳的作用超乎我们的想象。

当我们把素材收集齐，假设拍摄素材也已经到位，这时就要进行素材的整理和归纳。因为视频所用元素比较多，如果没有条理清晰的整理，非常不利于后期的应用和写作。所以，整理和归纳就成了视频文案写作的一项重要工作。

（1）所有材料转为电子版

视频文案写作一般是在电脑上完成的，为方便取用查找，需要将所有资料录入电脑。

拍摄素材：团队为视频拍摄的素材占比重一般最大，而且原文件占空间很大，调取查看也不方便。为了写作方便，一般将镜头拍摄以场记的形式进行登记，包括镜头内容、拍摄的时间地点、时长等。

人物采访：带有人物同期声和采访的镜头要单独记录，将人声转为文字形式存储，方便文案写作时查看寻找。这一点很重要，有时采访很长，记录也很麻烦，但如果不记录下来的话，后期翻看会更麻烦。同时，熟悉人物采访的过程也是对素材内容的温习，有利于马上要开始的创作。

老物件等：通过摄影、摄像等手段转化为图像。调研时，有一些老资料可以带回，有一些没有可能带回，要及时拍摄下来。可以带回的物件，也要拍摄下来，因为最终的视频剪辑都是用影像，此时拍摄和记录下来，同时也方便了文案创作。

相关文件：通过各类渠道搜集到的文件，要转为图像格式或者文档格式，方便取用。

经过这些处理，电脑中就完全录入了所有素材，既可为文案写作准备，又可以为后期剪辑备用，一举两得。

（2）按照类别归纳记录

可以在电脑中建立一个主题文件夹，再按照视频材料档案、人物采访场记、二手资料档案等类别建立子文件夹，分门别类存放，方便写作时随时取用。

（3）头脑风暴

在正式写作之前，和同事们凑到一起开一个 "头脑风暴会"。因为团队同事们已经不同程度地参与到了创作中，对素材等有自己不同的看法，通过交流容易碰撞出新的想法和角度,对文案写作和成片的制作大有好处。一定要牢牢记住："一个篱笆三个帮。"要相信团队的力量，学会借力、借智慧。

2.3.4　笔力：养成随手记关键词的好习惯

当资料太多的时候，我们该如何又快又准地提炼出主要信息呢？有一种方法是用关键词。具体做法就是在手边放一张 A4 纸，一边翻阅资料一边随手记下关键词。这个关键词可以是资料里的，也可以是自己由资料想到的，它们都可以用来作为文案里的重要节点。

推荐给大家一个效率高的写文案方法，一般是在面前的电脑打开数个档案文件（先前归纳的素材、采访等），手边放着记录了关键词的 A4 纸，两厢配合进行工作，对各类素材进行整合处理。

我们前文强调，视频是一个多元素的综合艺术，如果把文案写作比作是一场战役的话，那么对素材内容的收集、整理就相当于招兵买马、排兵布阵，这一步做得好，就会提高战役的质量和效率。

写好视频文案的 第2章
19个技巧

对象感

有的作者文案写作没有问题，但似乎作品总是千篇一律，无法提升突破；还有的人写出的文案质量起伏不定，有时优秀达标，有时却无法使用。在这些现象里，有一个隐藏的问题，就是"对象感"。

所谓"对象感"，就是文案的沟通指向性。你在写作的时候有没有想着受众是谁？有没有根据不同的受众转换不一样的语气？不同的用途下，有没有考虑内容、文风甚至架构都要转变？文案写作不是自娱自乐，也不是个人才华的展示，它是用来"使用"和"服务"的，所以要注意姿态、文风，也要根据用途决定内容。

2.4.1 服务姿态很重要

提到服务，最容易想到的是第三产业，人们靠提供有偿劳动满足他人需要，这是服务的含义。其实，经济社会中服务无处不在，视频创作也是一样。视频的创作首先是因为市场的需要，视频创作就是为他人提供有偿劳动，当然也是一种服务。

在这一点上，有的创作者可能会有一点心理障碍，他们觉得视频是艺术门类，艺术创作自然应该高雅清白与世俗拉开距离，刻意强调服务态度会不会有失格调？要回答这一问题，首先我们要看清视频这门艺术的一些特性。

（1）宣传特性

不论主角是产品、机构还是人物、事件，视频存在的意义都是为了宣传。当然，宣传的手段不止视频一个，但视频无疑是现阶段使用最广泛、最受欢迎的一类。视频宣传具有和其他宣传一样的特点，都是通过激励、鼓舞、劝服、引导、批判等多种内容和形式，驱动人们的购买欲望或者以情动人、寓教于乐。虽然它是"一对多"的传播方式，但总的目的都是为了传送信息、交流沟通。所以，为了拉近与观众的距离，让信息更顺畅地送达，视频所具有的姿态最好不要清高孤傲或者遗世独立，要有能与观众达成一致的契合点。

宣传是一种沟通。试想，如果我们和知己朋友交流，适合拿出什么姿态呢？一定是诚恳、坦荡、谦和。把观众当成是值得珍惜的朋友，我们的创作者自然就会知道该用什么语气和姿态。

（2）短时间内沟通的紧迫性

在繁忙的当今生活中，"碎片化"成为一个时代特征。人们没有时间也没有耐心长时间地关注一个事物，于是短视频就应运而生。从短视频的兴盛历程中，我们可以看出受众的心理是如何演变的，也应该知道我们今天所面对的观众具有什么样的期待，那就是短、快且吸引人。

如何在短时间内就吸引到观众？大家有没有观察过推销员？或者有没有过推销的经历？当推销员出现在你的面前，他一定是微微躬着腰，专注真诚地看着你，热情地介绍商品并邀请你尝试。有人把这种姿态称为"45

度服务"，意即一直保持着身体前倾的谦和态度，以服务的姿态对待客户。如果我们在写作时，也在心里保持着"45度服务"的态度，相信作品呈现出的面貌就会有所不同。

2.4.2　写给谁看决定文风

有时候我们形容一个人会说话，常常会调侃"见人说人话，见鬼说鬼话"。其实，视频文案在一定意义上也是要见什么人说什么话，根据受众的不同即时调整写作的文风。

（1）把观众时刻装在心里

我们在本书前文曾经讨论过，把观众放在心里不仅是视频创作的使命要求，更是创作灵感的源泉。创作视频文案，不仅要弄清楚观众的需求，还要找到适合观众接受的语气、姿态，也就是文风要切合观众的喜好。

打个比方，你放假回老家了，可能会见很多人。见了爸爸要恭敬；见了妈妈会撒娇；见了爷爷奶奶说话可能像哄小孩，而且要大声，防止他们听不见；见了发小可能说话又是另一种亲热……既然我们平时说话都要根据不同的人变换语态，那视频创作需要变换文风就好理解了，因为视频本质上就是我们在跟各个不同的接受群体说话而已。

实例 2-8

同样是庆典，受众决定文风

以下分享两个同为庆典写作的文案，供大家感受文风的不同。一个是为全市元宵节晚会写的视频文案，面向的观众是家乡的父老乡亲、平凡百姓。

"欢乐的时光总是过得很快，春节的鞭炮声还在耳边，热乎乎的饺子吃到了十五，我们的元宵节就来了。你看，这白胖可爱的元宵，吃到嘴里就是团团圆圆的幸福和甜蜜。元宵节既是春节活动的一个句点，也是'我们的节日'系列主题活动的重要一环。传统节日承载着中华文明，是中国人独具特色的庆祝和纪念方式，更是渗透在血脉中的家国情怀。"

另一个是为教师节庆典写的视频文案，面向的观众是老师们：

"有一个职业，常常被比喻为园丁，比喻为蜡烛，比喻为太阳底下最光辉的事业。这，就是教师。古往今来，老师二字所代表的绝不仅仅是一种职业。古语有云：'一日之师，终身为父''国将兴，必贵师而重傅'。在我们中华民族的精神图谱中，老师代表着一种力量，它温暖而坚定，推动人类文明发展、壮大。"

对比两个文案可以看出，面向老百姓的元宵节晚会，文案是从家常话上升到家国情怀，用亲近自然的语气拉近与观众的距离；面向教师的教师节庆典，文案虽然也是亲切的，却使用了更多书面语及古语，也显得更正式，切合老师们的身份和喜好。

（2）写谁像谁

塑造人物性格有多种方式，比如利用语言、行为、事件等。不知大家有没有考虑过，其实文风也可以塑造人物性格，或者说，我们可以根据主人公的性格特点来决定文风。这是一种有趣的尝试。

实例 2-9

性格迥然不同的两位护士长

"最美护士"评选活动，要为两位在不同医院、不同岗位的护士长写视频文案。一位是新生儿科护士长，性格干脆利落；另一位是重症监护室护士长，性格柔和坚韧。以下为两个文案的部分内容。

新生儿科护士长文案片段：

"今天，焦彦过了一个不同寻常的生日。眼前的三个小姑娘是三胞胎，6年前，她们因早产造成了极低出生体重，最轻的不到两斤半，数度病情危重。身为新生儿科护士长的焦彦二话没说，当天就带着铺盖住进了办公室。一个多月的时间，从死神手里一次又一次夺回宝宝们的生命，三个早产宝宝最后顺利康复出院。今天，是三个孩子的生日，恰巧也是焦彦的生日。焦彦说，她们是生死至交。"

重症监护室护士长文案片段：

"有一次，医院收治了一位精神异常的流浪大姐，是因车祸致骨盆骨折多发伤。葛丽丽和同事们整整照料了100个日日夜夜。流浪大姐说话有障碍，葛丽丽一有空闲时间就去和大姐拉呱，最后终于从含混不清的方言中锁定了某地口音。随后，她和同事们又用尽各种办法帮大姐找到了亲人。这样的事情多得数不过来，葛丽丽说这不辛苦，这是天使的荣耀。"

当写这些文案的时候，因为主人公的性格不同，创作者的心中就预先存了不同的气势和姿态。焦彦性格泼辣干脆，行文就尽量用短句，用"二话不说""生死至交"这样的词汇构建起一个有些江湖侠义的人物形象。而葛丽丽是个温柔又坚强的人，她会感受到压力和负重，但也会用女性的韧性去化解。所以，关于她的文句就像她的性格一样温和、平静、深情。

2.4.3 用途决定形式

视频都有其特定的功用，在创作的时候，首先要搞清楚的是视频受众，也就是写给谁看；其次便是考虑用途，这个片子是用来做什么的？想要达到什么目的？受众决定文风，而用途则决定了文案的形式。

实例2-10

政府汇报片——要严谨简洁不拖沓

脱贫攻坚决胜在即，扶贫办想要制作一个五年来的成果汇报片，用于向上级领导汇报，迎接上级领导对成果进行审核和检查。项目负责人非常认真，也很有艺术追求，初始愿望是做成纪录片，要求以故事叙事、以情动人，杜绝干巴巴的数字。说实话，这种创作方式也是我们所喜欢和乐于见成的。但是，这个片子并不是用于电视播放，让大众了解扶贫概况，而是备于上级领导审查。

经过给项目负责人分析：该片的用途是向上级领导汇报扶贫成效，领导团的检查工作非常忙碌紧张，他们一定希望最有效率地完成审核。讲故事虽然好看、动人，但是故事的信息量却不密集，一个10分钟汇报片能讲完的事情，30分钟的纪录片是讲不完的，而让审查团队花费宝贵的30分钟只是为了感动，这是不现实的。其次，审查团队一路走来，审查了许多地市的扶贫情况，对各种各样的扶贫故事可谓司空见惯，我们本身的扶贫工作虽然扎实但并没有轰动效应的事件和人物，想要以故事取胜也是很难的。

项目负责人经过考虑，最终采纳了建议，以汇报片的形式呈现内容。

2.4.4 几种常用视频类型对象感的把握

如何找准需要的对象感呢？根据经验，一是在行文布局上精心设计，二是在写作时找到专属的角度和感觉。另外，还有一个小秘诀，那就是：在写作时学会"当演员"——让自己的内心根据内容的不同，扮演不同的角色。

（1）乐队指挥——政企类专题片

政府、企业比较正式的宣传片、工作总结等，要求严肃认真、稳重大气。写这类文案需要拿出乐队指挥的风范，一支指挥棒下似有千军万马，虽多而不乱。立主题挥斥方道，拉框架大气周全，遣词用句严谨有度，整个文案呈现出自信、大方、谨严、有序的姿态。同时，就像指挥要按乐谱来一样，这类文案的写作一定要有理有据、用词有方、来源可查，给大气用扎实托底。

（2）最美的舞者——形象片、宣传片

提到形象片、宣传片会想到什么？慢镜头、唯美画面、高档大气……形象片、宣传片"美"字打头，文案要首先考虑美感。在写作时，心里就像有一位技艺精湛的舞蹈演员，她在轻盈自如地腾挪辗转、巧笑嫣然，又或者健美有力、节奏铿锵。不管难度有多大，表现出来的是一种举重若轻、欣赏享受的感觉。

（3）他/她最好的朋友——人物类短片

人物类短片讲究接地气儿，忌"飘"在上面。写这类文案时，要把自己当成主人公最好的朋友和支持者，懂他/她的追求和梦想，陪伴他/她做一件又一件事，理解他/她的苦恼和担忧，也欣赏他/她的优点和付出。朋友之间最重要的是什么？是接受。接受对方的优点也接受缺点，看见对方的价值也看见他/她的需要和脆弱。保持这样的态度去对待笔下的人物，主人公自然就带了平易近人的气质。

实例 2-11

用白描手法写出深情

这是一位最美教师的短视频，他工作的学校距离市区有两个小时路程，在这本就不算大的地方来说，真的是名副其实的大山深处。

写好视频文案的　第2章 ●—
19个技巧

文案创作者通过走过他走的路，亲眼看过他的工作环境，被他的敬业和奉献深深打动，于是写作时便有了朋友一般的角度：

"解说：暑假里，崔荣臣老师翻越十几里（1 里≈0.5 公里）山路来到学校剪修花草。前一天，他刚刚和同事们把学校的旱厕进行了清理、冲刷，为新学期做准备。今天听说老师来学校了，附近村子里的孩子们也跑来帮忙。

这所东宅科小学位于莒县桑园镇偏远荒凉的山脊上，生源辐射周边七个村庄，教授一到三年级，共有六个老师，50 名学生，一名老师要教好几门课。

1991 年 8 月，崔荣臣从日照师范学校进修结束，分配到东宅科小学任教。学校属于仕阳库区，距离镇驻地 30 多里。'破旧''偏远'是崔荣臣对这里的第一印象。

崔荣臣说（采访）：'当时管西学校长把我送来说了一句话，干到退休哈。我一听那句话，我一下子就够了。够什么？当时咱才二十多岁，一寻思自己大半辈子在这里，说实话一百个不愿意。管西学校长说先干着吧，就因为这一句话，在这里干了二十八年。'"

扫码看视频 2：
短视频《最美教师崔荣臣》

写人物短片时不要过度提炼和升华，也不要随意评判，尽量用描述性的语言，保持客观冷静。但在看似冷眼旁观的笔触下，体现的是对主人公的敬佩、赞叹和喜爱。

（4）节奏大师——产品类、路演类视频

这一类的视频主要是向观众推介某项成果或者产品，目的是促进销售、形象推广、拉动投资等。在写作文案时，想象自己是自带某种音乐的"节奏大师"，以或酷帅或欢快的姿态，紧紧牵动着观众的目光和心情。这类文案最要紧的是确定格调，要符合所推介项目、产品自身携带的气质。

实例 2-12

写汽车的文字要带有金属质感

产品类视频的写作一定要摸透客户的需求，知道客户想以什么样的气质和格调做呈现。以下为一款皮卡车形象片脚本。皮卡车不同于普通轿车，具有很强的实用性，写作时把这款车的各项性能融进由短句构成的文案里，表面在说生活，实际在介绍汽车。在导演阐述里，强调文字要带有汽车一样的金属质感，客户深表赞同。本文案的主题是"伙伴"。

场号	画面	解说 / 字幕	声音
1	黑背景起汽车和人的特写	你，对伙伴的定义是什么？	静开场
2	风雪、泥泞中的行驶	是安全感	激昂、力量
3	运送木材、农产品等负重画面	是担当	
4	各类越野比赛（资料）	是激情	

场号	画面	解说／字幕	声音
5	央视进藏纪录片片段（资料）	是力量	
6	国外某战争中关于皮卡的报道（资料）	是并肩战斗的豪情	带同期声
7	花店运货、商用等	是新生活	转悠扬音乐
8	行驶在路上	是陪伴	
9	黑背景起汽车和人的特写	你对伙伴的期待是什么？	静
10	汽车特写	实用，绝不是锦上添花	拼搏、激情
11	越野相关画面	是带你安全穿越人生的荆棘泥泞，征服挑战	
12	越野赛（资料）	是对生活永不停歇的发力	
13	国外某战争（资料）	是战火中淬炼出来的可靠品质	带同期声
14	自驾游等家庭、亲子画面	是生活品质的提升	
15	创业等商用画面	是追求梦想的一路陪伴	
16	一组青年人围着汽车狂欢的画面	你对伙伴的要求是什么？	
17	汽车外观、内饰画面	精致与粗犷并存，外在与内涵兼修	音乐换
18	行驶、户外活动画面	质量与速度共有，时尚与居家并重	
19	项目启动画面	今天，伙伴来到了我们身边	大气音乐
……	……	……	……
25	车与人的画面	宣示你的领域，追逐巅峰，一路相随	音乐收
26	黑背景中人与汽车的特写	他，是你的伙伴	静
27	LOGO 落款（设计）		

快开头

很多人写文案容易卡在开头，有两个问题，一是不知道开头写什么；二是因为"拖延症"开不了头。

2.5.1 开头写什么

一般在下笔前，你已经掌握了一定量的素材、资料。这时你会斟酌、犹豫，该用什么来开头？

"药方"就是：把最精彩的部分放在开头。

（1）开头用最精彩的部分抓人眼球

在这一点上，视频文稿的写作与普通文章有一些区别。如写小说，尽可以在开头铺排背景、交代历史，或者像金庸小说一样从某个小人物入手，慢慢生长出整个文章。

但是视频不行。我们这个时代，信息爆炸、节奏过快……导致人们注意力短缺。因此，你的视频如果不能在开头就抓住观众，那么，后面的内容即使再好也没有展现的机会。

所以，精彩的开头既是定心丸（你看我的作品很精彩、很吸引人），又起了悬念的作用（它的前因后果是什么？）

作为视频文案，你写的是画面、声音、特效等多种元素，所以在选择视频开头的时候，你尽可以在掌握的素材里选择，哪一块最精彩，就把哪一块放在开头，不用只拘泥于文字的精彩，画面、声音、特效总有一个适合在开头惊艳亮相。

可能有人会问：为什么很多获大奖的长片，开头都是平平无奇呢？没错儿，这里有个秘诀请收下：越是内容厚重、大气、信息量多的片子，开头越要稳；越是信息单薄、时间短的片子，越要把开头安排得噱头足一点。在选择开头风格的时候，还要根据视频反映的内容。

实例 2-13

讲人物不要从头讲起

在养老院里，护理员一般都是四十开外的大姐，但是这个片子的主人公有点特别，她是一个 29 岁的漂亮姑娘，在英国留过学，专门学的养老护理，可以说是自主选择了终身从事养老行业。

要写这个片子，可以从头说起，说有这么一个姑娘，从小品学兼优，因为与自己家老人感情深厚的缘故，大学选择了养老护理专业，然后来到了这家养老院云云。这样写也没有问题，就是平铺直叙，慢慢唠嗑。但这样显然有点缺少趣味，缺少抓人的劲儿。

为了更吸引人，这部片子的开头变成了：

在养老院的一个房间里，早晨的阳光恰好洒进来，一个二十来岁的年轻小姑娘，很专业地在给患阿尔茨海默病的老人穿鞋，一边同期声介绍：正确的穿鞋方式应该是背对着老人。刚参加工作的时候正对着老人穿鞋，被一个患有老年痴呆症的奶奶打了一巴掌。

这个细节并不是故事叙事线的开始，也不是结尾，把它拎出来作为开头，就是因为这个细节精彩。一是很生动，很有代表性地展现了养老护理员的工作；二是有悬念作用，观众会好奇这个姑娘有什么样的人生故事？为什么做这份工作？这样，带着这些问题，后面再慢慢展开小姑娘的故事，水到渠成，自然而然。

扫码看视频3：
公益短片《学习爱》

（2）动作先上场

在《小说创作十戒》这本书中，作者介绍了几种小说创作中失败的开篇案例：没完没了地介绍环境、不厌其烦地介绍人物、连篇累牍地介绍时代背景、用工笔画大写特写风景。这些教训挪到视频文案创作中一样适用。

实用的方法是开头先让动作上场，解说紧随其后。比如，要写老王赶集，开篇就是老王早起洗脸刷牙收拾东西，先让动作进行上一小会儿，再上解说解释这是谁、要干什么。切忌开篇就介绍人物和背景，否则就容易死板和不吸引人。

（3）小角度切入

过去传统文案写法是宏观开篇，比如要介绍一个城市，喜欢说"在美丽的黄海之滨，有一颗耀眼的明珠，它就是某某省某某市。"这样的开篇方法并非全然不妥，在一些政企类的专题片中还是比较常见的，因为这种形式稳妥大方。

但随着视频的发展，观众的审美趣味已经发生改变，越接近民生的视频越要想办法规避宏大角度的开篇，而要改为小角度切入。

实例 2-14

一座城市的影像志要从哪里开始写?

地方建市 20 周年时，笔者负责一集关于城市规划的文案。一座城市，20 年的建设历史，该从哪里入手？又该用什么开头？经过前辈的指导以及多方走访调研，笔者最终选用了一个雕像作为切入点：

"这座建于 1988 年的圆雕位于原港务局的门前，是某市的第一座雕塑。两脚撑开天地，双臂开辟未来，正如它的名字——《开拓者》，年轻的某某市注定要在艰难中开拓未来。"

角度虽小，指向性却广阔，同时在观感上拉近了与观众的距离。

雕塑《开拓者》记录了一座亿吨大港和一座城市共同的起点

2.5.2　如何克服"拖延症"，快速开始

文案创作者有拖延的毛病，甚至有些出色的文案创作者，他可能片子写得很好，各类奖项都拿过，但是每逢拿到选题，还是会先纠结上一段时间，甚至有人还要哭一阵儿才能动笔。也有人认为这是因为不自信。

曾经有人讲笑话：让你加班熬夜的动力是什么？是生存的压力？是对优秀的渴望？还是天生自律自强？不，都不是，动力就是"Deadline（交稿、交工作的最后期限）"。

我们的学生时代或多或少都有这样的记忆：明天要开学了，今天才开始写作业；有不少学生宁愿最后一天熬夜写，也不愿意在放假的时候慢慢写。

很多人在开始之前总是过于放大困难和阻力，或者潜意识里认为：只要我不开始，我就不会失败。但当你克服心理障碍真正开始做的时候，就会发现其实并没有那么难。俗话说得好："万事开头难"。我们要知道这样的道理：只要你开始行动，那么这件事就已经成功了一半。

道理是容易讲的，难的还是行动。那么，接下来分享几个笔者常用的小技巧，实力扳倒"拖延症"这个拦路虎。

（1）开头越蠢越好

有人觉得最难的是第一句话，他们生怕第一句如果写不好，就会像一个苹果上的那个小烂点，会把整篇文章都带坏。又或者觉得第一句话最先入人眼球，写不好显不出自己的水平。

笔者以前也常因为纠结开头而无法下笔，直到看到这句话："第一句话越蠢越好。"

原话是这样的：

"要说服自己，你是在捏黏土，不是在刻石雕，写在纸上也是可以修改的，下笔的第一句越蠢越好。反正写出来之后，你也不会冲出去把它打印出来。将它放在一边，然后写下一句即可。"——雅克·巴曾。

太好了，怎么还有这样的好方法，第一句话越蠢越好？那倒要看看第一句能写得多蠢！抱着这样恶搞的信念，不管不顾地就开始写起来。直到写完，再来改那个愚蠢的开头，却常常发现，咦，这个开头挺妙啊！或者是：对了，这样一改就行了！

"开头越蠢越好"，这句话有没有给你信心？

（2）只要写两个字就算完成任务

很多人在写作时都喜欢立 Flag（定目标），比如：一天写 3000 字。在他们的预想中，只要坚持每天写 3000 字，就一定能练出好文笔、写出爆款文章。且不说这个逻辑通不通，单说这一天 3000 字，除了专业作家，试问有多少人能坚持呢？

某种程度上，定的目标越高，就越容易放弃。有人可能会反驳：那是你不自律，自律的人生有多爽你知道吗？不自律，所以你是个失败者。有一位网友说过一句话，笔者深以为然，那就是：自律就是个伪命题，靠所谓意志力坚持的事情很难长久。很多人面对太过高远的目标无法保持持久的热情和坚强的意志。

不靠意志力，那靠什么呢？靠良好的习惯，靠内在的驱动力。那如果没有良好的习惯，找不到驱动力呢？图书《微习惯》的作者盖斯曾经也是一个人们口中的失败者，热血袭来想健身，就决心每天锻炼 30 分钟；想写文章，就立目标一天写几千字。但是这样的热度来得快，也去得快，从没有坚持住的时候……

后来，盖斯发现了"微习惯"的妙用。他不再立过高的目标，而是立"不可能失败的目标"，比如一天一个俯卧撑，一天写 50 个字……有人可能会嗤之以鼻，一天一个俯卧撑能有什么用？但恰恰就是这些"不可能失败的目标"，让盖斯慢慢养成好习惯。道理很简单，当你开始做，你就会止不住多做一点。完成一个俯卧撑，你就会忍不住再多做几个，多多益善。如果你没有多做，也没有关系，反正目标就是一个，这样心理不会产生负担，也不会给自己贴上"失败者"的标签，也就不会因为功亏一篑而彻底放弃。

换到写作上，也是一样。一天 3000 字的目标，坚持三天还可以，10

天呢？100 天呢？不如把目标换成不可能失败的"每天只要写两个字就好了"。不要担心每天两个字是无用功，现实情况是，只要你开始写下两个字，就会不由自主写下 200 字、2000 字……

这就是克服拖延的另一个妙方：马上去写两个字。

盖斯把这个称为"微习惯"。不要小看这些微小的习惯，它们会像一滴墨水浸染一盆水，像一颗火星点燃一片草堆。它们会重塑你的生活，当然也包括你写文章、视频文案的习惯。

还有人把这个方法总结为"五分钟起飞法"，意即什么都不要想，直接先写上五分钟。只要开始写，思路就会慢慢打开，闭塞的灵感就会开花，自然而然就知道接下来该写什么了。

热爱法

如果谈到文案写作需要具备的基本素质，技巧和方法都不是最重要的，有一种素质是创作的前提和基础，那就是对创作对象的热爱。

2.6.1　热爱是胸墨的出口

记得综艺节目《爸爸去哪儿》刚刚出来的时候，大家对新奇逗趣的情节和人物言行很感兴趣。有心人发现节目的字幕尤其突出，仿佛自带灵魂一般生动。后来字幕组被采访，被问到如何创作出这么多新奇好玩的字幕，年轻的工作人员说：就是要热爱呀，热爱！

如果觉得自己的文案干巴巴不生动，你有没有想过其实是创作的源头，也就是我们的内心出发点缺少了温度？初心的滚烫会顺着文案的血脉灌注到每一个字句里，如此才有了文案的生气勃勃。其实如果留心观察，我们会发现很多行业、作品都具有这样的特质，那就是当主人公心存热爱，物质的东西也仿佛有了生命一般可爱。这好像是玄学一样的意境，正是我们视频文案创作首要的素质基础。

（1）万物有情，爱是创作的根本

在说到文案创作之前，我们先谈一点与创作看似无关却紧密相连的东西。

知名作者王路曾在文章中提过：没有所谓的"好心办坏事"，如果发心是好的，就不会真的办坏事；如果办了坏事，一定是发心受了坏的污染，不纯净了。这里涉及一个概念："发心"，也就是我们做一件事情最初的发起之心，尤其是善恶之念。如果你对一个人心存仁爱，那么自然就知道该怎么对待他，反之亦然。

什么是爱？斯科特·派克在《少有人走的路》中做出了精彩的解释：爱是为了自我和他人的心智成熟，而具有的一种自我完善的意愿。也就是说，爱是为了自我和他人的成长和进步，任何不以此为前提的感情行为都不能称之为爱。一位妈妈担忧儿子的安全，一直到高中都不让他自己上学，每天费时费力地辛苦接送，这是爱吗？不是，这是打着爱的旗号的控制。再看情侣或者夫妻之间，一方常常以爱的名义要求伴侣这样那样，这是爱吗？用爱的定义来丈量一下就可以了，这些要求能够促进对方成长吗？如果不能，那就只不过是用爱来掩盖的私心。

我们写视频文案主要对两类人负责。

一是我们所写的主人公。在下笔之前，我们对主人公是什么样的心态？这部文案乃至视频的出现对他会否有影响，好的还是坏的？如何写才能对他有帮助？

二是我们的观众。这个作品能对观众起到什么样的影响和作用？是否通俗易懂利于他们消化吸收？是否会误导和带有偏见，影响大众的认知？

当带着这样的发心去审视我们的选题和素材，时刻把对方放在心里，我们会少去很多纠结，会发现自然而然就知道该如何取舍。发心如何，不仅直接影响了所涉及的人群，考量着作者的职业道德和境界高低，更决定了作品的温度、高度和宽度，是作品是否有生命力的根本。

（2）热爱是一种刺激创作的特别情绪

热爱是一种心境，外化出来就是一种热忱的情绪。现代科学的研究证明，情绪不仅可以改变感受能力，还能够改变人的身体健康状况，情绪所具有的威力还在不断被发现中。

不一样的情绪会让我们对同样的事物产生完全不同的感觉。同样是看花，"映日荷花别样红"里的花是鲜艳美丽的，"折得疏梅香满袖，暗喜春红依旧"里的花是欣喜的，"感时花溅泪"里的花却是悲愤感伤的。花自是那朵花，却因为作者心情的不同而呈现不一样的颜色，这就是情绪在创作中所起的作用。

有人可能会问：带着悲伤、绝望、忧郁等情绪的作者一样可以创作出惊世之作，为什么视频文案要独独强调"热爱"呢？应该说，不管带着哪种情绪创作，都是对所创作的事物"有感觉"，感觉虽然不同，但那种触动感、打动人心的力度都是一致的，我们可以把这些"感觉"视为一种别样的"热爱"。我们拿戏剧做一个类比，戏剧中有悲剧，观看悲剧会让我们难过、悲伤，因为悲剧是"把美好的东西撕碎给人看"，但这并不妨碍悲剧带给我们美的享受，或者说这是一种独特的美感。我们所强调的热爱也是一样，文案可以呈现悲伤、愤怒、忧虑等，但却一样是出于"热爱"，是因为对这个世界、这个社会有热爱，所以才会有各种各样的感情。

更进一步说，我们当下的视频创作是以肯定和正能量为主要导向的，提倡积极向上的情绪基调。在这种大环境下，我们更倾向于正面情绪的热爱，也就是对事物尽量保持发自内心的喜爱之情。

话又说回来，为什么情绪会刺激创作呢？

《注意力曲线》一书指出，注意力是创造力的源泉，而人在受到恰当刺激的时候，身体会分泌出适量的肾上腺素，让人感觉积极、自信，从而进入注意力集中状态，这样便容易产生类似心流的感觉。简单来说，就是情绪会刺激身体分泌物质，让我们的大脑注意力迅速集中，从而产生灵感和创造力。

在这一点上，相信大家也常有类似的经验：当恐惧发生，我们会爆发突破潜能的力量；当开心到"飞起"，我们常会灵感频发，仿佛打通了任督二脉。从这里也可以推导出，我们强调"热爱"的另外一个重要原因是因为正面情绪对人的刺激是有益的、敞开的，而负面情绪常常是狭隘的、堵塞心智的。当正面情绪饱和到一定程度达到"热爱"时，我们的身体和大脑就呈现开放、包容的高度注意力集中状态，就会全身心地投入到创作中，灵感更容易迸发，也就更容易进入状态。

2.6.2　如何调动创作热情

道理容易讲明白，但是情绪基本不属于理性管辖，我们如何能随时调动呢？当我们对一件事、一个人缺少感觉时，该如何对它产生"热爱"呢？

（1）到现场去寻找灵感

稻盛和夫被称为日本的"经营之神"，他曾说："工作的现场有神灵。"在他试制一种陶瓷的时候，曾因产品的弯曲问题试验无数次也不能成功，他只好到烧制现场去寻找解决方法，甚至一度想伸手到一千多摄氏度的炉中去抚平弯曲。而也正是这个冲动的想法让他得到灵感，就在这样全神贯注的热情、审视和倾听中，最终找到了解决方案，制造出了满意的产品。可以说，正是对事业的热爱让稻盛和夫在极度专注中一次次迎来灵感和创意。

在视频文案的创作中，大家很多时候会遇到找不到创作方向的情况，更没有创作的热情。闭门造车行不通，那就只能走出去，走到与主题有关的环境里去。选题素材不是地底的石矿，不能只凭一己之力去攫取；相反，世界是活的，与选题相关的人和事都是活的，当你走到现场中去，就像一条跳进沙丁鱼群的鲶鱼，会搅动起许多意想不到的资源和想法，会有很多机会点燃创作的热情。

实例 2-15

用真实的现场规避模范人物短片的千人一面

每年一度的孝星评选活动总是难题重重，最大的问题就在于孝星们的模范行为一致性很高，如果平铺直叙就感觉不出来有何差别。而每个视频中，主人公需要有自己的性格，尤其是多部短片集中出现的时候更要体现差异，不然就容易面目一片模糊。

有一位孝星是公务员，他的事迹也和其他人差不多，牺牲个人生活，照顾患病多年的老母亲。该如何写出差异化呢？我们决定走到他的工作中、生活中去细细观察。当脑子跟不上的时候，不妨让脚步勤快些。

在和主人公的同事聊天的过程中，同事打趣说主人公"不像个大男人"。循着这句玩笑话，再去细心观察，发现主人公的性格果真特别细腻。他会周到地考虑到母亲的各种需要，像照顾孩子一样照顾母亲，这与他阳刚的男性形象形成反差。老母亲患的是阿尔茨海默病，许多行为、理智已经退化到孩童水平，除非主人公这样细致的性格，否则真的不容易长年陪伴。如今的一老一少就像是年轻时的母子俩调了个儿，这又是一种对比。于是，短片将焦点对准阿尔茨海默病，抓取了几个主人公与母亲共同与病魔做斗争的细节来支撑主题，同时将阿尔茨海默病的知识向观众做简单普及。从现场中找到的素材和灵感，让本片的孝星与其他孝星区别了开来，人物形象也因此生动鲜明。

 扫码看视频4：
短视频《孝星杨军》

（2）对材料的充分接触

写文案是个艰苦的过程，很多人常常拿到选题就陷入畏难情绪中。前面我们介绍了几个快速开始的小技巧，下面分享另一种克服畏难情绪、找到思路和热情的方法——掌握尽可能多的材料。

任长箴老师在介绍《舌尖上的中国》第一季的工作时，曾说过他们的做法：买回1995—2011年所有的人文地理类杂志，从中找故事和选题。观看所有能找到的人文地理、美食片子，通过学习、消化，形成"属于自己的小宇宙"。这个过程其实就是和选题材料充分接触的过程。

在我们刚拿到选题的时候，对选题的了解可能还处于半空白状态，所以有畏难情绪是正常的。但是通过翻看各类材料，对选题的了解程度会慢慢加深，掌握程度越高，着手写作的信心就会越强。

笔者将这一条作为写作的首条规则。拿到一个选题或者有一个创意之后，不要着急动手，也不要因为一知半解甚至一无所知而感到恐慌。搜集尽可能多的相关材料，详略得当地翻看并做简单记录。当把能找到的材料都过一遍之后，心里就自然有了谱儿，创作的热情也会随之而来。

（3）带着人文关怀看待选题事物

有时候，我们对一些人和事无感，可能是因为他们与我们关系不大，离我们的圈子有点远，像是两个世界的人，因而无法走进对方的内心。

诗人约翰·多恩曾说："没有人是一座孤岛。"而我们对世事的冷漠常常就是来自自我孤立。我们认为这与我无关、那与我无关，实际上，一只南美洲亚马逊河边热带雨林中的蝴蝶，偶尔扇几下翅膀，就有可能在两周后引起美国德克萨斯州的一场龙卷风。我们与世界上的万事万物息息相关。

作为视频文案创作者，作为媒体人，我们心中应该装着"关怀"二字，用媒体的责任和高度去看待所面对的事物。我们的选题在频频更换，我们所面对和所要写的人物千变万化、多种多样，有一个与他们快速建立良好感情关系的方法，就是把他们看作自己的亲人或者朋友。年长的，视为父兄或者自家的大姐、阿姨；平辈的，就视为朋友。一旦将他们当作与自己关系密切的人，对方的一举一动、身份信息便会触动我们的内心，因为他们已经进入了我们的世界。

热爱不属于理性，但却非全凭感性支配。大脑可以习得习惯，情绪也可以主动培养。所以，在创作中我们不要等着灵感的偶然造访，要学会主动出击，用各种方法激发创作热情，灵感与创意就会源源而来。

立情怀

20 世纪 50 年代开始，全国开始推行广播体操，"每天喇叭一响，千百万人随着广播乐曲做操，这是中国历史上破天荒的新鲜事"。有人要把这件事写进视频，却苦于无法找到满意的切入点。后来，他将视点上移，将这件事进行想象中的空中俯瞰——"全国人民在同一时间整齐划一的大事件"，让观众有了在地球上空观察的宏大感觉，让广播体操这件略显单调的事情有了别样的观感和意义。这是一位老师在讲"情怀"一词时提到的事例。

情怀，也可称为怀情，简单来说就是我们在创作时所怀揣的感情和胸怀。任何人在创作时都会带着感情色彩，哪怕是最讲究客观冷静的纪录片也不例外。那么，这种感情是单纯的情绪发泄，还是意有所指？是小我的展示，还是对宇宙世界、社会人文的关怀？这种"意有所指"和更高维度的情感关怀，正是本节的主题，也就是文案创作所需要的"情怀"。

2.7.1　情怀提升文案格局

在人类族群中，总有一些东西是共通的。虽然语言不同、民族不同、地域不同，但我们听同一首音乐会产生相似的情感，一件杰出的艺术作品能博得全世界观众的喜爱。因为在这些不同背后，是我们共通的人性。

精神分析学家弗洛伊德将人的精神分为三类：本我、自我、超我。"本我"指潜意识里的本能部分；"自我"是我们有意识的部分，负责处理现实世界的事情；而"超我"则是良知或内在的道德判断，是人社会化的结果。其中，人对"超我"的追求处于人格结构的最高层，是人对自我完善的终极目标。也就是说，人天生具有追求道德良知的驱动，这也解释了我们为什么会对奉献、牺牲、爱等高尚的行为会如此感动和推崇。

视频文案中的情怀恰恰就如同人格结构的"超我"部分，包含着创作者意图传达或普及的道德情感价值，是让作品"向上走"的一股力量。正是因为有情怀的存在，让文案因脱离了就事论事而有了高度，因触及人类共通的情感而有了普世价值，才使得作品不流于庸俗，不落于下乘。

情怀是处于精神追求的上层部分，它因为具有俯瞰事物的高度而扩大了视频文案的格局。文案创作如果能够抓住人类共通的道德追求，自然而然地抒发相应情怀，不仅能够打动观众，而且能够提升作品的社会意义，体现人文关怀的深度，为作品赋予新的内涵。

2.7.2 如何抒发情怀

"情怀"二字，更多的是指向内心的一种感觉，是对现实的一种技巧性的思考和升华。这种技巧不是技术性的，考验着我们的思想深度和力度；但也并非无可依凭。常用的提升情怀的技巧有以下几个。

（1）高视角

我们进行文案创作的时候很容易陷入具体的人物和事件中，如果不能够跳出来看，作品格局就会蜷缩在具体事件的"一亩三分地"上，缺少更大的意义。如果在创作中感觉不到意义感，觉得无法提升作品的高度，不妨问问自己这个问题：这个作品是只给当地人看的，还是给全国甚至全世界的观众看的？结合我们在"对象感"一节中所谈的方法，想象我们是在对全世界的观众讲故事，立意格局、讲述方法、选材取料都会随之改变。

当然，并不是所有文案都要国际视角，如果是本土化的新闻、视频自然还是指向本地观众更好，这样才能跟目标受众进行紧密贴合。除了目标受众指向明确的类型，其他想要给更大范围人群收看的视频文案就要考虑高视角，站得高，才能看得远。

（2）大胸怀

写文案要有气吞山河、容纳四海的格局。人们常用"心有猛虎，细嗅蔷薇"来形容雄心大略之下的柔情与缱绻。我们不妨借用过来，写文案时就要胸中有猛虎下山的气魄，但到嗅花时要能够克制，懂得缓缓释放情感。

如果平时积累不够，没有能量气吞山河怎么办？这时可以用这个口诀来救急：用时代当背景，与大环境相结合。比如要写一个村庄的变迁，最好不要只扣着村庄本身的历史和当前状况就事论事。试着用时代做背景，考虑是在什么时候、国家什么政策背景下有了这些故事？当下的大环境又是怎样影响村庄发展的？当你把国家事、社会事、历史因素都能融进文案中，作品就有了沉甸甸的分量，也自然扩大了格局。

（3）跨界——让文案具有全新解读

业界常批评国内有些纪录片缺乏科学考证的力度，因此在自然科学领域我国的视频创作暂时落后于西方国家。我们现在流行一个词：跨界。正是因为跨界的功夫做得不够好，所以视频创作才会有这样的弊端和漏洞。

跨界，一个从文艺圈流行开来的说法，指的是从一个领域迈进另一个领域，或者一个专业引进其他专业的方式方法。跨界不仅是创作的方法，更是一种重要的思维方式，它是对人的思想壁垒的破坏，也是内心开放包容、接纳新鲜事物的体现。

在文案创作中，跨界可以产生很多奇妙的化学反应，比如用科学实验解读爱情现象，用社会学理论解读天文学（可参看小说《三体》中的相关情节），用普通生活来类比国家政治等。可以说，只有想不到，没有"跨"不到。脑洞一开，跨界会带来无限惊喜。

实例 2-16

用跨界的手法让文案高大上起来

你想到过在社会人文类视频中加入气象学阐述吗？记得2012年《舌尖上的中国》大火之后，人们对它的文案特别感兴趣，甚至在网络上一度流行"舌尖体"。

"云南只有两个季节，旱季和雨季。从每年的11月开始，干燥而温暖的风浩浩荡荡地吹上半年，等到5月底，雨水才抵达

写好视频文案的
第2章
19个技巧

迪庆州的香格里拉。"

"西藏林芝，印度洋吹来暖湿的季风，植物正在疯长，又到了白马占堆最忙碌的季节。"

气象学的加入让事物的解读增加了维度，扩张了视野，提升了高度。所以，如果碰到感觉单调乏味的讲述，不妨尝试一下跨界的方法。

（4）用文眼进行升华

所谓文眼，一般指能体现主题思想的词句，尤其是经过思考和升华之后的思想结晶。我们都对"画龙点睛"的故事耳熟能详，"文眼"就是这样一双让整个视频活起来、亮起来的"眼睛"。

在文案写作中，文眼熔铸了作者的思想心血，承担着统摄全局、升华思想的重任，也是让作品拉升情怀的重要利器。

实例 2-17

如何写出全片的文眼？

有一个视频要介绍一个历史人物，这个人是一位清朝的文官。他按照上级的安排，同时也为了保家卫国而努力研制火器，为后来抗击匪寇和西方侵略做出了贡献。

写初稿的时候，主人公被定位在"爱国、爱家乡"这个点上，从人物生平来看并无问题。但是，爱国、爱家乡的人太多了，这样的视频也有无数，如何让作品别具特色呢？

人物是古代人物，事迹、性格、细节等方面都无从下手。但事情总有两面，正因为是历史人物，就有了多样解读的可能性，就有了时代碰撞的别样意义。比较人物的多重身份，发现存在很多矛盾：他是一个文官，又是一个火器专家；在他之前中国长期处于闭关锁国的状态，他是第一代睁眼看世界的中国人。从这个角度入手，写出这样一段话：

"一个拖着长辫子的文人，从小受四书五经的教育，却敢为天下先，以科技图谋自强。丁守存不仅打破了'百无一用是书生'的偏见，更将中国传统知识分子忧国忧民、救国安民的气节和勇气刻在了那个遍体鳞伤的时代。"

这一段是对全片的升华，也可以称为"文眼"。有了这样的升华，历史人物就不再是史籍中一个冷冷的名字，他有了性格和血肉，有了愿望和感情，更成为一个层面群像的代表，具有了典型意义。

（5）找到与现实的接点

我们看有些历史类视频时常会觉得看不进去，觉得那些讲述离我们很远，跟我们没有关系。这就是视频与现实的接点出了问题。

《如何阅读一本书》中，对读书有一个重要的观点：无论是历史书、传记还是小说、科学类图书，我们阅读的重要目的是"化为己用"，就是要对自己的当下有指导作用。除此之外的目的都是浮云。

放在创作中，如果一个视频与现实脱轨，也就是对当下的观众没有了参考和指导意义，那这个视频的价值和使命便没有实现。所以，文案作为视频的蓝图，一定要创造与现实的接点，通俗一点讲，就是要问问：这个东西对现实、对我们、对屏幕前的观众有什么用？

实例 2-18

如何让消失的历史遗迹焕发新生？

要创作一个关于古城墙的短片。这段城墙所在的位置是一个千年古镇。这个古镇在明清时代是一个重要的商业重镇，繁华程度堪比如今的大都市。清代，为了保护当地的经商环境和本地商家百姓，大户乡绅们共同出资修建了环绕村镇的城墙。据考证，这段城墙是参照了南京古城墙的标准进行修建的，这对于一个村镇的规模来说是比较罕见的。

当我们前去调研的时候，却发现经过时间的洗礼、历史的变迁，城墙遗址已经全然不见了，干净到连一块砖头也找不到。这怎么办呢？一个消失不见的传说如何才能写出价值来呢？经过思考，我们决定在立意上运用逆向思维：城墙为什么会消失？它的消失有什么意义？

顺着这个思路，找到了这样一个立意。

城墙在清代的出现，是因为土匪和流寇频频滋扰，城墙为保护当地百姓和一方富庶起到了重要作用。但是再坚固的城墙也有被攻破的时候，在抗日战争中，日军用炮火攻克了城墙，一方百姓饱受蹂躏和劫难。

如今的古镇，道路四通八达，城镇四周连一块砖头的遮挡都没有，呈现一种完全敞开的姿态，但却再也没有受到过侵袭，百姓生活安宁幸福。究其原因，正是因为国家强盛了、社会安定了、时代进步了。因此，一个安全和平的环境远胜坚如磐石的城墙，这就是城墙消失的意义，也是作品最高的情怀和立意。

凭借这样的情怀高度，一段历史烟云与现实有了巧妙而深刻的接合，整个作品呈现出大气包容的气象，作品最终摘得全省短纪录片类一等奖。

动起来

在本章前文的讲述中，立意、结构属于布局，组集内容属于准备工作，对象感的把握、创作热情的酝酿、情怀的树立则属于创作的心态调整。在创作开头之后，我们分享几个具体的写作方法。本节分享的是"动态的写作方法"。

2.8.1 动与静哪个更好

先来看这样两段文案：

第一种形式："某某老年公寓跟常规的敬老院不太一样，环境干净整洁，没有一丝异味，即便是特护房间也洒满了阳光的芬芳。老人们带着生动的笑脸，公寓里到处是活跃的身影，没有垂暮之年的寂寞，处处是夕阳余晖的灿烂。"

第二种形式："走进某某老年公寓，发现这里跟想象中的敬老院有些不一样。随便走进一个房间，里面都是干净整洁没有一丝异味。乘坐电梯到四楼特护房间，推开门，阳光的芬芳扑面而来。打开窗子向外看去，院子里的老人们带着生动的笑脸,看不到垂暮之年的寂寞,处处是夕阳余晖的灿烂。"

这两个段落是同一件事情的两种写法,看出区别了吗？第一种形式完全是静态的描写,像PPT一样一张张展示照片,具体的场景也缺少介绍。第二种形式加了一个隐形的"我",用"我"的行为带领镜头扫视敬老院,通过"走进""乘坐""推开""打开"这些动作,画面流畅地运动了起来,场景感强烈。

第一种形式的写法可以称为"静态写作",第二种形式则称为"动态写作"。在文案创作中,主张多用动态写作而少用静态写作。所谓静态写作,就是像说明文一样叙述,像一幅画一样静态展示,没有时间的二维概念,没有事件推动发展的前进感。而所谓动态写作,就是要让讲述动起来,不管是片中主人公还是镜头本身,尽量让他们一直处于行动中,这是让视频好看的一个重要秘诀。

人们为什么会喜欢动态描述呢？这与视频的本质紧密相关,因为视频本身就是动态的影像,既可以在空间上"乾坤大挪移",又可以在时间上来回穿梭,这是吸引观众的根本原因。如果总是用静态描述,就等于生生把动态的影像做成了照片,视频的魅力就大打折扣了。

2.8.2　流动的叙事方法

那么,怎样才能让写作动起来呢？首先要分析一下,有哪些元素可以帮助视频动起来？根据这些可动的元素,就可以设计动作线。

（1）主人公的动作线

在每一个视频中,主人公都会有一系列的动作；如果没有,那就为他设计动作。这些动作就成了视频的发展主线。

这样的写作方法比较常见，比如电视上的探询类节目，常常会追随着主人公的行踪，一会儿到东家，一会儿到西家；一会儿翻箱倒柜，一会儿上山下海。这个方法让观众的情绪跟着主人公的行踪上下起伏，容易抓住观众的注意力。

比如要介绍一门非遗手艺——过门笺，如果采用静态写作的话，可以分为两个部分：人物介绍和手艺介绍。如果用动态描写的话，就可以将它们合二为一，让主人公实际制作一次过门笺，在主人公的一系列动作中穿插介绍人物。

实例 2-19

将信息融入动作旅程中

在一个视频中，如果主人公的动作能够从头贯穿到底，那么这个片子看起来就像是主人公的一段旅程。旅程中会有动作，也会有休息、交谈、回想，在时间和动作共同交织的线路上，就可以把更多信息容纳进去。

某地有一个文化现象"岚山号子"，是以前渔民在海上打鱼时的劳动号子。文化要有人来承托，要写这个选题，笔者找到了它的一位传承人老杨。为了让视频动起来，笔者决定让老杨再走一趟海上打鱼的历程。

以下是视频文案的开篇部分。

【画面】电视录制活动，老杨重登渔船。

【解说】今天对渔民老杨来说是个特殊的日子，因为电视台来录制岚山号子，他登上了多年不曾操作的老渔船，重新当了一回船老大。

【画面】在海上，老杨和伙伴们吆喝起了号子。

【解说】老杨和大伙打的正是当地有名的"岚山号子"，这是历代渔民在耕海牧鱼过程中为了统一劳作而产生的劳动号子，也是岚山世代视为瑰宝的民间音乐。

【画面】渔船、大海、城市的远景。

【解说】这是位于山东半岛最南端的地方，她坐拥大海，世代以打鱼为生，却偏偏取了个与山和雾有关的名字——岚山。

从这段文案中可以看到，主人公既有完整的动作流程，又利用画面和节奏间隙穿插进去相关的背景介绍（号子的由来、地方的介绍），形成浑然一体的优美观感。

（2）用隐形的镜头作为动作主线

许多视频是没有主人公的，或者说没有绝对的核心人物，那么这样的片子就可以用镜头作为动作主线，写作的道理与上文是一致的，其实就是将主人公换成了代替观众眼睛的镜头。如描写园林景观的文案："一走进园子，就见一面由青松和藤萝交织而成的天然屏风，顺着小路转过去，天地豁然开朗……"在这样的描写中，实际上就是有一个隐形的"我"在行动。

（3）用时间打造动态过程

有一部古装电视剧《长安十二时辰》，这部电视剧以固定时间作为架构主线，将一天的事件人物掰开分述，在时间的流动中形成紧张急迫的审美观感。这就是一个运用时间动起来的好例子。

时间之所以能形成紧张感，关键在于有一个大的悬念前置，令观众欲罢不能地追看下去。《长安十二时辰》就是因为主人公要救长安城于水火，才有了接下来正反派之间的一系列争斗。长安城最终有没有得救？这个悬念的存在让时间的流动有了价值和吸引力。

除了悬念的作用，人们对特定时间的好奇还来源于完形心理（格式塔心理学）。人们对有缺憾的东西具有自然完形的欲望。因此，当得知这部视频要表现的是一段固定时间的故事之后，人们就会不自觉地想看完整，因此也形成一种注意力的吸引。

（4）事件本身的流程

有的视频是表现事件的，那么就可以用事件本身的推进作为主线。这里要注意的是：学会利用节奏和细节制造动作的紧凑性和连贯性。

比如，要拍摄一个寻找物件的过程，可能要先后在卧室、厨房、院子里找，在这个过程中要时刻注意怎样的动作才是吸引观众注意力的，什么细节才是他们感兴趣的。

（5）按照逻辑关系制造动态流程

作文中对景物的写法，常用的有三种：一是按照空间布局，二是按照时间顺序，三是按照游览顺序。借用到视频文案创作中来，游览的顺序即是一种逻辑顺序。

什么叫逻辑顺序呢？从前面的分析中，我们可以看到，动态的过程可以是由主人公或叙述者发起和引领的，也可以是事件本身的发展，还可以是设计的时间框架，这些都是遵循事物的客观发展顺序而来。也就是说，事件原本是什么样的，我们找一个合适的视角顺着走下去，形成自然的动感。而还有一种动态过程是主观性的，也就是创作者或写作者自己内在的叙事逻辑，它从客观角度看可能具有跳跃性，但在逻辑关系上却是流畅的。此类视频多见于思辨类专题片、政论片、形象片、宣传片，也就是故事性、人物形象不要求突出的类型。

实例 2-20

用逻辑关系引导观众接纳宣传概念

以下为一个云学堂品牌形象片的脚本。该片目的是让观众接纳网上课堂这一形式，并突出该品牌的优势。这个文案里并没有绝对的主角，也没有完整的事件流程，用节奏和逻辑关系组织表达动态感觉是比较合适的。

以下是脚本部分内容，附解析。

场号	画面 / 同期	解说	解析
1	青年男子爬山，站在高处俯瞰城市。	是什么，支持我们走到今天？	既指普通意义上的人生，又指该品牌的发展，双层含义。
2	上下画面衔接过渡。	是成功的渴望，更是成长的初心。	既指普通意义上的人生，又指该品牌的发展，双层含义。

场号	画面/同期	解说	解析
3	年轻的母亲拿着绘本给孩子讲故事；小姑娘对着镜子偷着涂妈妈的口红；小男孩在课堂上说："我的梦想是不用来学校也能上课"，同学们哄堂大笑……	梦想，是成长的源动力。	既表现了孩子的成长过程，又指代该品牌的成长，同时用小男孩天真的话点出网上课堂的追求。是三层含义。
4	拓展训练，培训画面。	历练，让成长之路坚定踏实。	意指人生和该品牌双重含义。
5	培训等画面。	学习，是成长的加速器。	意指人生和该品牌双重含义。
6	爬山青年男子的画面。	我们的成长，从未中断。	意指人生和该品牌双重含义。
……	……	……	……

该文案的内在逻辑就是用一种反思回忆的形式，展示孩子成长过程的同时，暗指品牌自己的成长和努力。解说词本身是诗意的、虚的，但是画面却是实的。一场作为一个点，跳跃转换似乎并不连贯，但因为有内在逻辑就形成另一种流畅。

2.8.3　静态事物的表达

有人会问：有的东西确实无法动态表达怎么办呢？我们在提倡动态写作的同时，并不完全否定静态表达。有些事物只能用静态描述，就需要在描述本身下功夫。也就是说，静态表达要精致、要美。我们将静态表达比喻为一幅画、一张照片，那么，这幅画、这张照片一定要美。也就是说，要用"好看"来拉住观众的注意力，弥补静态带来的审美疲劳。

实例 2-21

静态描写要走心

静，往往和思考、内心联系在一起。在用静态表达的时候，要着力探求内心的感觉，情景交融是最美的境界。如写山：

"这里有山，五莲山秀，九仙山俏。一座座巨大的花岗岩不经任何斧凿，大自然就这样突然降临在你身边。每逢春季，山上杜鹃花开，一片一片亮红色柔媚了整个山。雨水丰沛的时候，三五好友约着一起去逛龙潭大峡谷，迎着溪流而上，遇见一处又一处风景，迎来一次又一次豁然开朗。"

写好视频文案的　第2章
19个技巧

讲故事

如果要问，如何写才能让视频生动好看？那么大部分文案创作者最可能给出的答案就是：讲故事。

2.9.1　人们为什么喜欢故事

"好莱坞编剧之父"罗伯特·麦基说："故事是人类最多产的艺术形式。" 遥想远古时代，人们用神话故事表达对大自然的敬畏和对后世的告诫；历史上的风云人物因他们跌宕起伏的故事而为后人所熟知；如今中外所盛行的影视行业就是讲故事的大泉池；更不用说我们从小时候起就对故事充满了向往，睡前央求大人"给我讲个故事吧"是多么美好的童年回忆……

为什么人们会对故事如此偏爱呢？原因在于故事具有更强大的传播力。

（1）故事原理

什么是故事？有人说是事件、发生的事情、情节等，似乎都对，但似乎都难以概括"故事"的全貌。尤其是视频文案中要用到的故事，究竟该具有什么特征呢？

在《新华字典》的解释中，"故"字既指意外的，也指过去发生的、旧有的。这两层意思恰巧反映了故事的两个很重要的特质：过去已经发生和带有意外的事情。

那么，是不是所有的意外都可以成为故事呢？世界上每天都在发生的意外：死亡、车祸、暴雨甚至是莫名其妙摔一跤……这些可不可以构成故事呢？答案是不确定，有的可以，有的不可以。假设某个红绿灯路口突然堵了一会儿车，随后又疏通了，这样的意外显然不能成为故事，有谁会为一次偶然的堵车津津乐道呢？但如果堵车的原因是一位老人因腿脚不便在马路中央手足无措，而另一位路过的司机停下车，小心地将老人背到了马路对面——这就构成了一个小故事，一个曾真实发生在我们身边且值得掌声的故事。这个事件中有什么构成故事的诀窍吗？

我们要掌握故事的本质，不妨向最擅长讲故事的影视领域行家学习。罗伯特·麦基在《故事》中阐释："故事事件创造出人物生活情境中富有意味的变化，这种变化是通过一种价值来表达和经历的。"这里有两个关键词：变化和价值。假如把事情压成一条时间线，它的开端和结尾是有变化的，这是其一；开头与结尾的变化创造了某种价值的变化，这是其二。故事价值是人类经验的普遍特征，这些特征可以从此一时到彼一时，由正面转化为负面，或由负面转化为正面。

因此，我们可以简单地做一个总结：故事体现的是一种二元价值的变化，就如同电池的正负两极，从爱到恨，从谎言到真诚，从忠诚到背叛，从脆弱到坚强……正是这种思想和感情价值的改变，让故事反映人性、牵动人心。

写好视频文案的 第2章
19个技巧

如何改变平淡无波的讲述

某学生写了一个人物视频文案前来请教，迷惑地问："怎样写才能精彩、好看？"文案写得很整齐，写的是一个校友对摄影专业非常热爱，现在从事其他工作也不忘每年出去采风，回到母校后也表达了对母校的感情。总之，这个文案就像是一张三居室的平面图，这边是客厅，这边是卧室，那边是厨房、卫生间……一张平面图只能起说明的作用，自然就缺乏吸引力。

要想好看，就要想办法把"平面图"换成"过山车"，用讲故事的方法来设计整个视频。针对文案主人公也就是这个校友，他的身上发生了什么样的变化？尤其是价值意义上的变化？比如：主人公没有接触摄影专业以前是什么样，摄影带给了他什么变化，这个变化是怎么发生的？一个以"价值变化"为目的的挖掘和填充，就为文案增添了动感和波澜，最为重要的是勾画了一个相对完整的故事，增强了传播力。

（2）人们喜欢故事的心理原因

在《弗洛伊德蓝皮书》这本书中，精神分析学家弗洛伊德曾对"偷窥"这一心理现象出现的原因进行解读。从某种意义上来说，人们喜爱故事与喜欢偷窥具有相同的本质。因此，偷窥心理因素也可借鉴来阐释人们喜欢故事的心理。

① **完形心理。** 人天生具有把未完成的事情做完、对缺憾的东西自然

完形的欲望。这一心理支配着我们想了解未完待续的事情，接下来怎么样了？"欲知后事如何，且听下回分解"成了我们心头难耐的"痒痒肉"。

②**好奇心**。好奇心推动着科学的发展进步，也推动着人们想了解不知道的东西。每一个故事的面罩下都藏着不为人知的秘密，吸引人们争相观看传播。

③**控制需求**。不得不说，越是平常难以看到的东西，就越能够提供满足感、成就感，这是人们喜欢跳出生活看故事的因素之一，我们可以归之为人对控制感的需求。其次，当人们观看故事的时候，观看者是处于支配地位的，他（她）主宰整个局面，掌握着对方关系的主动权。试想一下，我们喜欢看电影、电视剧的一个重要原因不就在这里吗？"我"掌握着绝对的主动权，不符合"我"的想法"我"可以直接走开。《弗洛伊德蓝皮书》中说："控制感的根本意义在于使人得到安全，通过控制实现内心的安全感。"

因为人们具有完形心理、好奇心、对关系的控制需求，所以对故事的需求也就格外突出。换句话说，故事于观众来说不仅是一种娱乐和消遣，它还是人们心理层次的一种追求和需要。通过故事，人们甚至可以维护心理的健康，维系人际生态的平衡。

（3）好故事得到偏爱的原因

有人喜欢"追剧"，沉迷于连续不断的情节中不能自拔，相信这一点很多人都有共鸣。静下心来想一下，你追剧时那种欲罢不能的情绪来自何处？是一个接一个的故事？波澜壮阔的人生？动荡不安的追寻？鲜活生动的场景？又或者以上皆有？

有人说，故事其实是对生活的比喻。我们对故事的欲望反映了人类对捕捉生活模式的深层需求。也就是说，我们喜欢故事，因为我们想看看别人是怎么过日子的，碰到与我们相同的问题是怎么处理的，英雄们是如何实现我们梦寐以求的东西的……最根本上，我们想从故事里找到一个具有其他可能性的自己。因此，如果想在文案里讲好故事，在把握故事原理的基础上，首先要考虑贴近普通大众、贴近人性。只有保持与观众的一致性，才能让他们从中看到他们需要借鉴和实现的东西。

同时，编写故事的人常常被观众信赖，观众潜意识里会认为："他能编好故事，一定就有对生活更深刻的理解、更好的解决办法。"编剧和文案创作者因此被赋予神圣使命，借此动力孜孜以求地创造更好看、更能帮助人的故事。

那么，深受观众喜爱的故事还有什么特征呢？从构思基础来说，应该具有以下特点。

①**浓烈自然的感情色彩**。人类是感情丰富的，感性活动因为其直接性、吸引力而更容易得到传播。故事在传达感情方面的能力是得天独厚的，它通过一系列曲折的事件（动作），让观众自然代入场景，从而产生同理心和情感波动。也就是说，故事的情感是附着在事件、情节之上，它更加丰富，也更加有趣和生动，因而传播力也就更加强大。

②**特色鲜明的人物形象**。相比起事件的起因、经过、结果，观众对特色鲜明的主人公印象更为深刻。比如，说起 20 世纪引起万人空巷效果的电视连续剧《渴望》，人们可能会记不清具体有哪些情节，但几个鲜明的人物形象——刘慧芳、宋大成等却让人难以忘怀，成了一代人的记忆。所以，一个好的故事应当有一个或数个典型人物形象，有时人物即是故事，故事即是人物。

③**爆发力强的矛盾冲突**。矛盾冲突是戏剧的要素，也是一个好的故

事必不可少的要素。这里的冲突不光指字面意义上的外在对抗，也可以是人物内心的纠结与矛盾、无形的紧张与压力等。故事需要实现的价值转化，一大部分是要靠冲突来完成的。

④ **引人入胜的情节设计**。人们对变化的东西天生具有好奇心，对曲折离奇的故事情节痴情入迷。这一点可以向我们传统的说书艺术学习如何让故事跌宕起伏、引人入胜。

2.9.2 讲故事的黄金准则

站在观众的视角上，可以看到好的故事具有多个吸引人的特点：曲折的情节、生动的人物等。而站在文案创作的角度，一个好的故事应该如何设计构思，第一步又该从哪里入手呢？

（1）故事是有套路的

我们每天都会接触大量故事，无论是影视剧还是新闻，又或者是朋友间传播的小八卦，生动有趣让人回味。这些海量的故事似乎千变万化，让想学写故事的人摸不着头脑。许多人只觉得被吸引，但却不知道我们通常是被相同或类似的元素吸引。换句话说，故事是有套路的，这些套路早已被先辈研究证实，并加以施用。

我们经常会嘲笑好莱坞的爆米花电影就是三板斧：主人公不经意间卷入一场争斗，为了保护家人，血性爆发一路开挂，或惊险或爆笑，最后成功解决问题或解救世界。好莱坞的套路确实需要批评，但这些套路却长盛不衰，吸引一批又一批观众走进电影院，这个现象就值得我们深思：为何总是套路得人心？

《故事》一书中将故事的经典设计阐释为："围绕一个主动主人公构建的故事，主人公为了追求自己的欲望，与主要来自外界的对抗力量进行抗争，通过连续的时间、在一个连贯而具有因果关联的虚构现实里，到达一个表现绝对、而变化不可逆转的闭合式结局。"在这本著作中，作者将故事情节分为三类，除了上述的经典设计，还有简化了"小情节"以及反其道而行之的"反情节"。这里主要介绍经典的故事讲述方式。

《舌尖上的中国》第一季执行总导演任长箴也曾对专题片、纪录片里的讲故事做出类似的经验分享：在背景条件下，主人公有一个愿望想要达成——中途遇到各类阻碍（包括外在的和内在的）——主人公在外力帮助或者各种努力或者机缘巧合之下克服困难——事情得到解决。这个讲故事的模式可以视为"经典情节"的简化版。

通过这些经验丰富的导师的观点，我们可以提炼出故事的简要套路：主人公要实现某个愿望，为此克服重重了阻碍，最终达成愿望。在这个过程里，有几个限定条件：主人公的行动是主动的，阻碍可以分为主观和客观两类，愿望的达成实现了某种价值变化。

（2）视频中讲述故事的"三板斧"

既然好莱坞电影有长盛不衰的"三板斧"，我们何妨为视频里的故事总结一个新的"三板斧"呢？

视频不同于影视剧，我们不必把力气全部花在织网埋线编造情节上，很多时候，现实情况已经提供了基本的元素，我们最需要做的是进行提炼和重新架构。提炼和重新架构是需要法则的，常用的故事"三板斧"是这样的：主人公在为了某件事情而努力——遇到挫折或者克服困难——事情结束后，个人实现成长或得到启发。

① **带着愿望出发。** 在讲故事的时候要注意，主人公要带着愿望出发。以实例 2-22 为例，这个同学写的文案中，主人公在"做事情"，却"不知为何做事情"。没有愿望的驱动，主人公的行动就少了心理层面的活动，也没了主观能动性，不能引起观众的代入感。我们在开始用什么引起观众的好奇心？用什么力量引导观众看下去？要为主人公设计一个愿望，他为了愿望而努力，观众也会期待或观望他愿望的达成，这就是一个故事的原始动力。

实例 2-23

愿望是一种引力

如何写一位港口门机操作员的故事呢？

大家如果到过港口，会对大海岸边耸然矗立的一排排门机感到震撼，它们的平均高度有 16 层楼高，主要工作任务是操纵抓斗从轮船上卸货或装货。而门机操作室就位于最高端，门机操作员的工作不仅考验胆量，更考验用机械臂数十米外精准抓取等操作技巧，难度系数比较高。

这个故事的主人公虽然年轻却经验丰富，胆大心细技术高超。很自然地，我们把他操作门机工作的过程全部拍了下来，以此为视频主干。但平平讲述操作门机的过程，观众会喜欢吗？如何才能衬托和反映出他的技术与魄力呢？

当天拍摄时风有点大，笔者跟随攀爬镂空的钢铁梯子时，看着脚下十几层楼高的悬空，再看看旁边气势磅礴的大海，不禁两

写好视频文案的 第2章
19个技巧

股战战。笔者不禁想，主人公难道一直就这么勇敢吗？他没有思想波动吗？不，他一定有，他是一个有着正常感情的人，他一定因为某种力量而坚定地去做这件事。

再次经过沟通，笔者将这篇文案的开篇定位在主人公上班伊始："小周说，今天只许胜，不许败。海边的风达到了5级，16层楼高的门机上风声呼呼，抓斗能感觉到明显颤动。小周将要卸货的是一艘来自印度的远洋轮船，因为各种原因，这艘船已经在港外等待了好几天，由于急等卸货而焦灼不已。经过讨论，领导最终委派技术成熟的小周来做这项工作。在进门机操作室前，面对大家的担心，小周淡定地说：'等着，三个小时结束战斗。'这是一场技术的荣誉之战，也是事关国际交往的决胜之战。"

通过背景铺垫，我们为主人公小周安排了一个愿望，那就是打赢这场事关个人荣誉和国家荣誉的战争。有了这个愿望，观众的心就会紧迫起来，关心小周接下来操作怎么样？会不会有失误？如何打一个漂亮仗？愿望，就成了吸引观众看下去的动力。

② **中途要有挫折或困难**。一个一马平川的事件很难引起观众的兴趣，一个太过顺利的故事就失去了戏剧性。挫折和困难不仅是为了让故事曲折好看，更为重要的是，这些阻碍和解除阻碍的过程可以尽情展现主人公的特点以及我们想传达的价值观。

"一撞撞出两个好人是行不通的"

笔者刚刚涉足微电影的时候写过一个剧本《遇见》。这个故事是有真实原型的，源自本地的一条新闻：一个从外地来打工的小家庭，因为孩子生病生活困顿。有一天，孩子爸爸在骑车前去工作的路上，不小心刮倒了路旁的一个商店灯牌，旁边恰巧有一位老人，灯牌把老人砸伤了。年轻的爸爸没有跑，也没有推卸责任，赶紧把老人送去了医院。老人的家人闻讯赶来，问明情况后也没有过多苛责他。后来，受伤的老人出院，还帮助这家的孩子治病，让这个小家庭渡过了难关。这件事情也就传为美谈。

这个故事有一个很好的内核：友善。在那几年，恰巧老人摔倒"扶不扶"的话题很多，社会上因此出现了一些相互不信任的风气。这个真实的事件却恰恰相反，它反映出了人性中的美好。

想法是美好的，可是在创作过程中，笔者因为经验缺乏，只想着把双方美好的一面展示出来，结果就成了撞人不逃、被撞人不怪、最后一帆风顺成就佳话。前来指导的专业老师一针见血地指出：没有冲突和戏剧性不行，一撞撞出两个好人是行不通的。

笔者经过反思，发现确实如此。人性之复杂幽微，故事之曲折动人，要通过一系列阻力才能有描写发挥的空间。阻力、冲突不会妨碍人物形象的高大上，相反，人物只有经受住了挫折考验，才更显立体、真实、生动。后来，在老师的指导下，给这个一帆风顺的故事设计了数个关卡，让主人公一关一关地去克服困难、迎来曙光，成为一个饱满而打动人心的故事。

在视频文案创作中，笔者不太强调"冲突"，更倾向于用"挫折"或"困难"来指代主人公需要克服的阻力，原因在于视频更大程度上基于现实，而影视剧更大程度上基于编剧。现实中天然存在挫折和困难，不必刻意制造冲突。我们只要顺着主人公的愿望向前进，就一定会找到他需要克服的问题。所以，视频中克服阻力的过程与其说是设想的，不如说是挖掘、寻找出来的。

主人公的挫折和困难一定是外在的吗？不一定，他有可能在外部世界中显得很平顺，但内心世界却需要经历一系列波动。应该说，内心的阻力其实是更为重要的，因为内在的东西能更为直观地表达作者的观点；而外部的挫折和阻力到最后也会落在内在上，也是要通过主人公的思想斗争、纠结忧虑等来实现转化。

③ **最后主人公要有成长。**根据故事原理，故事的最后要实现某种价值变化，这种变化可以是正面转向负面，也可以是负面转向正面。结合我们当下的创作环境，以及我们视频文案创作的目的，建议多取正向的转化，也就是事情需要向好的方向去发展。如果视频是有主人公的，那么主人公实现成长，或者帮助社会实现成长，是比较贴合当下观众审美需求的创作方法。

"成长"是什么意思呢？可以是得到某种启发，获知某个道理，变得成熟，或者实现了自身的价值。如果主人公经历了一系列曲折或做出一系列动作，结果他与开篇全然一样、别无二致，我们可以判定这个故事是失败的。这无关情节的曲折与否，也无关人物形象可爱与否，根本原因在于缺乏变化。试想，你让你的主人公经历了诸多磨难，目的是什么？不是为了吸引观众的眼球，而是为了通过变化体现视频要传达的价值观。而按照常理，人物经过挫折与克服挫折的过程，他的心理与现实境况也必定会出现相应变化，在这些变化中，体现人物成长是上上之选。

一位乡村教师的守候之心

有这样一位乡村教师，他在远离都市的大山里教了二十多年书，中间有数次可以调离的机会，但他都拒绝了。这些年里，他与孩子们、乡亲们结下了深厚的情谊，发生了许多动人的小故事，而这些小故事又构成了主人公的人生大故事。

如果把这位老师的执教故事看成一条线段，一端就是他刚刚来到山乡的时候，一端则是现在。开始和结尾，这两个端点有何不同？对人物来说有什么变化呢？当然，因为时代的变迁，教学环境、生活环境、家长的理念都有变化，但这些变化只能起到辅助的作用，最终需要表达主人公的变化，也就是他的成长。

采访中，主人公说，他刚来的时候也曾是一百个不愿意，因为这里太破、太旧、太偏远，与一个大学生踌躇满志的未来图景发生了冲突。但是因为人情，想着先干一阵，没想到一干就是一辈子，最后不想走了。为什么不想走了呢？在大山里，他看到很多孩子尤其是女孩，上到小学三四年级就辍学了。然而，他发现上学是帮助这些孩子走出大山、改变人生的唯一道路，而他自己，就是拥有帮助他们的力量的人。他送出去一个学生，就感觉实现了一次升华；二十年来，无数学生因他而改变了命运，这就是他坚持的意义和目的。

从开始到结尾，他的成长在哪里？是一种人生的体悟、价值的实现、人格的升华。

愿望、阻碍、成长，这就是在视频文案中讲故事的最基础套路。当然基础之上可以添加很多东西，让故事更加丰富、细腻、生动。接下来，我们以一个"英雄之旅"的模板来看一个故事的构建旅程。

2.9.3 以"英雄之旅"为例的故事模板

"英雄之旅"理论是源自西方电影工业的一套叙事模板，有人奉它为电影叙事的"万能神药"，也有人斥之为电影创作的"八股文"。正如我们曾探讨过的，任何一种理论，甚至是历史、科学，它们对于我们的意义不在于掌握，而在于对当下、对我们有所帮助和指导。"英雄之旅"理论也是一样，尽管它饱受诟病，但同样也被很多人奉为圭臬，我们撷取其精华并应用到自己的创作中，用创新改变它的刻板，就可以创作出属于我们自己的经典故事。

"英雄之旅"将故事视为一段英雄的旅程，并将这段旅程切割为 12 个阶段：普通的世界，冒险的召唤，拒绝和抵触，与智者相遇，穿越第一个极限，测试、盟友或敌人，接近深层洞穴，严峻的考验，得到嘉奖，回去的路，复活，满载而归。

普通的世界：相当于背景介绍，危险来临前夕。

冒险的召唤：因为某个因素，世界发生了改变，平衡被打破，需要英雄去解救。

拒绝和抵触：开始英雄不接受任务，内心经历挣扎。

与智者相遇：遇到点化英雄的人，或者某个契机让英雄内心发生改变。

穿越第一个极限：打第一场大胜仗。

测试、盟友或敌人：在旅途中面临各种考验，结识盟友，或遇到敌人。

接近深层洞穴：靠近终极战争，发挥智慧进行准备。

严峻的考验：最剧烈的战斗，表面看是终极考验，其实不是。

得到嘉奖：在大战中得胜，带着胜利果实回返。

回去的路：这里才是最终极的考验，胜利果实被夺走，决战。

复活：最终胜利。

满载而归：返回原来的世界后，带来了某些变化，建立了新的秩序。

如果是进行虚构类作品创作，那么这个"英雄之旅"理论将是一个不错的练手模板。如果要进行的是非虚构类的作品创作，那么，我们可以检视有哪些素材可以挂靠在这个模板的哪个环节上，运用类似的模板将故事讲得更为流畅和吸引人。

通过"英雄之旅"，我们再来回顾故事原理和法则，有几个地方需要注意。

① **重建**。开始事件发生，世界被改变，英雄的任务就是通过努力将世界拉回平衡状态。但结尾处，并不是重新回到原本的平衡，而是建立了一种新的平衡。也就是说，通过英雄的行为，他的周边已经发生了变化，他本人也发生了变化，也就是成长。

② **契机**。英雄会被智者点拨，视频文案中的主人公一样需要某个契机，实现思想转变和成长。这是故事真正的转折点，也是作品释放价值观最密集的地方。

③ **复活**。我们常说：置之死地而后生。要舍得让你的主人公经受磨砺，让他遭遇困难、哭泣、被抛弃……只有经历了身心的洗礼，主人公才能涅槃重生，成为观众心目中的形象。对我们的视频故事来说，心理上的复活要更为常见，也更为重要。

当然，模板再万能，也不能替代创新，不能替代对人性、意境、主题意义的深度探索，同样也不能替代对形式多样化的尝试。在故事创作之路上，唯有用心才是不变的神药。

扫码看视频 5:
微电影《秀娥的茶歌》

设对比

为了突出某一种表达，在文案中常常要用到对比和衬托的手法。对比和衬托虽然有差别，但它们都有同样的功能，就是让表意更为强烈，让人印象更为深刻。

我们在视频文案中将对比和衬托手法作为一个重点来讲，是因为在短视频流行的今天，大量的视频以短取胜；而在有限的时间里想要凸显主题，我们缺少富余的空间去仔细铺排、讲述，运用对比和衬托的手法就等于是借力打力、以四两拨千斤，能在最短的时间内有效实现表达效果。

2.10.1 幸福都是比较出来的

有些人容易淹没在焦虑中难以感受幸福。为什么呢？也许是挣的钱不够多、周边环境不够好、人际关系不友善……这些感知是怎么来的呢？答案就是：比较。虽然我们知道攀比是一种不好的习性，但不得不承认，我们处在一个处处需要比较的氛围中。

平常的生活中，对比常让我们不快乐：妈妈批评孩子，常会拿别人家的孩子来对比，"你为什么就不能像谁谁那样？"明明已经住在温暖的房子里，但因为朋友家有一个更大的房子，所以心理就会不平衡，开心不起来……

而尽管知道会失衡，为什么人们还要相互比较呢？妈妈拿别人家的孩子来对比，是想用语言的突出，让孩子更为警醒；我们常常无视自己的幸福，是因为重心都已经偏移到了别人身上。

对比，就是一个失衡的过程，在生活中会制造麻烦，但在艺术创作中巧妙利用对比却能产生强烈的效果。用一物去映衬另一物，或者事物的内部各元素之间形成对比，就像拉弓射箭的道理：一端是起点，一端是终点，起点发的力都是为了终点的稳、准、狠。

古诗词中有许多衬托手法，比如"蝉噪林逾静，鸟鸣山更幽""不登高山，不知天之高也；不临深溪，不知地之厚也"。为什么"蝉噪林逾静"？是因为一缕蝉鸣无法压制树林大面积的幽静，反而提醒着人们幽静的存在。为什么登上高山才知道天之高？是因为山作为参照物，让我们感受到了平时感受不到的高度。还有许多鲜明的对比手法，比如"却将万字平戎策，换得东家种树书"，万字抗金献言还不如种树用的书来得实用，这二者之间的对比映衬出了作者心中的悲凉和无奈。

无论在生活还是在艺术作品中，人们常常会对单纯的东西无感，或者对司空见惯的事物视而不见，就是因为缺少对比和衬托。在生活中尽量少去比较，但"对比"的小心机却可以用在艺术创作中。为了让你的人物性格更鲜明、主题更突出，就大胆运用对比吧！

2.10.2　对比和衬托手法的运用

在影视剧中，我们常常看到这样的角色设定：女一号是单纯善良的，女二号是恶毒心机的。其实真实的人都是多面的，没有明显的善恶之分。但在影视剧中，这样的强调和突出就能够调动观众的感情，让人们或者爱或者恨，情绪跌宕起伏，制造戏剧效果。

而除了这样明显的设定，在视频中，我们可以应用的对比和衬托手法有多种多样，根据实际需要和拥有的材料，巧妙设定对比衬托，在有限的时间内突出强调表达。

（1）一事物与其他事物的对比

我们如何表达一座山的高呢？仅用数字常常缺乏直观的力度，那不如直接用另一座大家熟知的山来对比好了。

"会当凌绝顶，一览众山小。"海拔1500多米的泰山之巅让人们世代慨叹人生高度。但如果把泰山搬到珠穆朗玛峰的旁边——珠穆朗玛峰足足有5个半泰山之高——那么，杜甫的诗句可能就要改写了。

人物与人物之间的对比是容易学习的手法。小王很好，小李很坏；哥哥很勇敢，弟弟很胆小；A很勤劳，B很懒惰。这些都是常见的对比手法。

在好莱坞的影视创作中有一条规律：如何让人物既有各种缺点，又讨得观众的喜欢呢？只需要创造另一个反派，让他比主人公更懦弱或更自私就好了。就好比在一间屋子里，有捣蛋鬼说"我要拆窗子！"其他人肯定会讨厌和痛恨他；但如果另一个人说："我要拆房子！"人们就会反过来觉得第一个其实还不错。

人物之间的对比力量很强大

在报道模范人物的视频中,对比手法是最常用也最简单有效的。

有一位支教老师在山村坚守了二十多年,如何体现他坚持的不容易呢?如果只是写主人公自己,一年又一年地写下去,即使写上二十页也很难打动人心。但是加入对比就不一样了:主人公同批前往山村支教的一共6人,只有他留了下来;某一年来了两个热血青年,决心要在山里驻扎,结果不到一年便败走了;他的同学多数都在城市工作,如今有房有车工作轻松,而他却满脸沧桑,住在学校旁边的民房里,一辆旧自行车在山路上骑了十几年。无意批评拿来对比的人,只是有一个参照,主人公的毅力就更为突出,坚守的意义也就呼之欲出。

另有一位照顾瘫痪婆婆的好儿媳,在婆婆床前伺候了十余年,脾气平和耐心,让人敬佩。视频中没有拿具体的人来和她对比,而是化用了一句俗话:人们都说"久病床前无孝子,可是在某某这里,久病床前不仅有孝子,更有孝顺媳妇。"这就是用一个虚指的人群来做对比。古往今来,多少人即使一时孝顺,也会因为长辈生病时间太长而无法坚持,所以有"久病床前无孝子"一说。这既是对社会现象的一种描述,也是一种无奈和宽容。但是主人公身为一个儿媳妇,与婆婆没有血缘关系,反而能够坚守在病床前十多年,这样的孝老爱亲精神怎么能不让人感动呢?

（2）事物自身内部的对比

不仅事物之间可以对比，事物自身内部诸元素也可以进行对比。比如，想要表现学校里的霸凌现象，可以先描写学校在人们眼中通常的形象：单纯、安宁、平静、友善；随后笔锋一转，描写在学校的某个角落，却发生了这样一件让人痛心的霸凌事件。这样的对比和衬托会让霸凌事件更为刺目、刺痛人心，更容易引起人们重视，从而帮助表达主题。

（3）前后时间的对比

有时候，我们需要体现一种成果或变化，这时用前后时间段的对比就最合适了。比如，我们想表现一个学生学习的努力，可以先写上个学期他的成绩还在班级垫底，这个学期就进入了班级前十名。

实例 2-27

表现工作成效，数字不如对比更直观

如扶贫攻坚工作的汇报视频，直接用数字图版来体现工作成绩，就不如用今昔对比的形式来体现扶贫效果好。

例如：过去的破落院户与现在的漂亮村居对比；过去的家徒四壁与现在的家具齐全对比；过去的泥泞道路与现在的柏油马路对比；过去人的状态和现在人的状态对比……把数字概述纳入解说词描述，加上画面的对比冲击力，能够轻松地展示细节变化，从而体现总体扶贫成效。

（4）寻找正负极

针对一个事物或一个事件，如何设对比呢？在具体使用时，可以在头脑中预先放置一个"正负极"，考察这个事物的正极是什么、负极是什么，然后在两个象限上寻找合适的举例或角度。比如，要刻画一个人物的诚信，那么就可以考虑"诚信"的负向极（也就是反义词）是什么？可以是欺诈，然后就给人物设置欺诈的条件或诱惑，让人物在历练中走向正向极也就是诚信。经过正反面的对比，人物的性格特点就会格外鲜明生动。

（5）欲扬先抑

欲扬先抑是写作中常见的一个手法，意即想要体现某个人物的"好"，需要先贬抑，以贬抑来衬托后面刻画的"好"。顺承上一个话题，我们要想体现出一个正向能量，就需要先铺设一些负能量，以此对比出正能量的可贵。欲扬先抑可以说是对比手法中最常用、也最方便使用的方法了。

实例2-28

用欲扬先抑打破讲述正面人物的套路感

模范人物的描写非常容易陷入套路化，因为模范总是有太多共同的特点，奉献、隐忍、大度、博爱等。观众对这些描写看得多了就会产生逆反情绪，甚至会反感一味的吹捧和表扬，总觉得那是一种虚伪的面具，猜测面具背后一定隐藏着什么不可告人的东西。为什么人们会有这种感受呢？原因就在于，生活本就是多样的，每个人都是千面的，如果一味地正能量，那么正能量也就等于没能量。

高山为什么高？是因为有山谷之低的衬托。切莫光顾着赞美高山，而忘了山谷的功劳。

但同时，我们的宣传就是为了表现这些光辉、伟大、正面的一面，如果生硬地非要既写优点又写缺点，又容易成为四不像，达不到宣传的目的。既要打破套路感、以真实赢取观众的信任，又要保留我们的创作目的，那么可以试试欲扬先抑的方法。

介绍一位优秀的工匠，从材料来看确实无懈可击，找不到缺点和漏洞。他工作勤勉，热爱创新，带领的班组创造过无数优异成绩。在企业里，他总是第一个来，最后一个走……他总是待在车间里，那一定留给家庭的时间很少，"漏洞"出现了，浑然一体的事迹出现了裂缝，光透进来了。于是笔者转到他的家庭，果不其然，他的女儿颇有微词，说爸爸很少参加自己的家长会，大部分的时候都是在工作，不理解爸爸……

于是，这个人物短片没有从常规的工作方面入手，没有上来就表现他的敬业和拼搏，而是从女儿的视角出发讲这个故事，上来先用了女儿的抱怨。这是一个贬抑。需要注意的是，需要贬抑的时候是真的贬，而不是明贬实褒。开篇是女儿的抱怨，带进一个话题，就是关于工作与家庭、对社会奉献和家庭责任的平衡关系。一个男人对妻儿付出的少，怎么也说不过去——这个贬就是山谷的低处，后面就可以一路攀升筑造高山。

随着故事的展开，我们看到主人公为了给企业、给国家节省资金，自主创新、醉心科研，发明一项又一项的专利，成为众人的骄傲。而带着抱怨长大的女儿，从父亲身上学到了一种更为广博的大爱和责任心，同样成为了一名劳动模范，与父亲一起站到了领奖台上。这是全片的结尾，也是高潮。

人总是优点、缺点并存的。可以说，正因为有前面的贬，人物才显得正常，才有了可信度。没有低谷何来高山仰止？欲扬先抑就是一个制造低谷与高山的过程。

（6）反转的妙用

在戏剧领域尤其是喜剧、悬疑片中，"反转"手法常常处于很重要的位置。人们常常会惊呼"神反转"，以此来褒扬编剧强大的逻辑处理能力，和情理之中、意料之外的强烈戏剧效果。反转，某种程度上就是一种对比的化用，是将叙事一分为二进行转折，或者用结尾与前面整篇描述形成对比的效果。

就比如在悬疑电影《看不见的客人》中，案件一直以男主的经历为主线，一切顺理成章。中间出现的律师角色似乎就是用来推进案情进展的工具人，但结尾却突然神反转，律师成为受害者的母亲，是她利用自己的特长假扮律师，并用强大的逻辑推理能力诱导男主讲出了真相。

相信每个人心中都有几部神反转的电影或电视剧。而短视频中的反转更多地用来营造一种氛围，目的或是点亮主题，或是引人注意，有时仅仅是一句话也能制造意想不到的效果。

反转，实际上就是一种反套路。前半部分顺着套路走，一步步将观众领到预先设置好的情境里，然后突然反套路，用一种令人措手不及的惊愕感制造戏剧效果。比如下面这些句子：

"那一天，他一定要走。我心中无比悲伤。直觉告诉我，这次的错过也许将是一生。我哭着喊着去追他，可他是那样的决绝，头也不回地离去——我不如先打110，这个可恶的偷车贼！"这个叙述前半段用了抒情与叙事相结合的手法，用一种言情风格误导读者，最后才道出事情实质：不是恋人之间的纠葛，而是失主与偷车贼之间的追逐。这是用风格和误会形成的反转。

"许多人有深海恐惧症。现在，我们带领大家一起去看看深海里到底有什么。一千米处是……；两千米处……；三千米处是……；五千米处：欢迎来到海绵宝宝的世界。"这一类的段子，前面大部分是煞有介事的铺排，让人误以为是主题本身，在结尾处突然反转，形成强烈的喜剧效果。这类反转只为博人一笑。

"到了我们这个年龄，骑电动车一定要戴头盔，否则——容易被开奔驰的同学认出来。"——开脑洞和无厘头是时下很受欢迎的调侃方式。

总之，反转扣住的核心就是"让你绝对想不到"，但是又合乎逻辑和情理，具有自圆其说的能力。

换元素

视频是一门综合艺术，其构成元素丰富而多彩，既有画面又有声音，而画面又可以分为拍摄素材、图片、特效、字幕等，声音可以分为解说、音乐、音响、音效等。再细分下去，各个元素又可以有多种分类。可以说，视频元素的多样性成为它吸引人的最重要原因。

而对写视频文案的人来说，运用这么多的元素来写作，就如同操纵一出皮影戏，需要手法技艺娴熟、变化灵动引人。具体怎么做呢？把多种元素一股脑堆上来，容易形成轰炸般的焦躁；一味使用单一元素又容易形成审美疲劳。合适的方式就是既要化繁为简，又要懂得变化元素结构，让丰富的各类元素以一种既清新又不致疲劳的面貌有序出演。

2.11.1 变化的东西最吸引人

人们天生对变化中的事物更感兴趣。假设你的面前有两只小鸟，一只上下翻飞、鸟鸣啁啾，另一只乖巧呆立，你的眼睛会关注哪一只呢？一般情况下，注意力会被在运动、在变化的小鸟吸引去。不是因为它更漂亮，也不是因为它的声音更好听，而是因为它在变化。

变化的事物吸引人不仅是因为视觉更容易被动态的东西吸引，在心理上，就如同我们更容易被故事吸引一样，我们总希望能看到这些变化的下一步是什么，直至结局。这缘于好奇。

而在视频中，变化意味着什么呢？

（1）单一元素和多元素比较

假如我们在电视上看到这样的新闻：某时某地召开了某会议，然后就是会议长篇累牍的报道，画面全部是会议现场，甚至全片直接是文字图版。除却它的信息量来说，不管内容还是形式都显得枯燥、难耐。这时你一定想快快换到娱乐频道，看看那些轻松愉快的蹦蹦跳跳。

电视收视率调查中有一项指标，是通过调查观众在某频道停留的时间来衡量收视情况。假如你是那个拿着遥控器的人，多数情况下是因为什么换台呢？又是因为什么停留呢？很显然，枯燥单调的东西催人换台，新鲜刺激的内容吸引人看下去。而新鲜刺激，就来源于元素的变化多样。观众对同一类元素的耐受度是有限的，当观众快感到厌烦而还没有厌烦的时候，抓紧换另一种元素，这样就稳定住了观众的手，避免被换频道或滑走视频。

写视频文案就如同排兵布阵，你就是运筹帷幄的指挥官。你可以选择一直用解说词，从头铺到尾，可能就不免聒噪；你也可以选择单纯用音乐，但可能会美则美矣，缺少内容和灵魂。如果一根筋地只用一种手法、一种元素，视频出来就会是乏味的，让人难以坚持下去。

如果换一种思路，将你手中的"步兵""骑兵""装甲兵"轮番上阵，不管有没有章法，首先就会让对方措手不及。视频中，你的解说用一段，然后上一段采访，再接着用一点音乐，或者用一点字幕提示……这样换着花样来，是不是感觉好多了呢？这里的诀窍就是：不能让观众感到乏味，用新鲜的刺激一直让观众保持高度注意力。

（2）丰富性更适合视频文案写作

根据视频的特性，文案的写作不能像小说那样随意泼洒，它的形成是根据已拍摄素材或构想中的素材来组成的。所以，视频文案的写作较少以文字形式一气呵成、一贯到底，它必须要考虑其他各种元素的应用。比如，视频经常用到人物采访或同期声。不管是汇报片还是专题片，又或者短视频，人物发声的情况非常多，视频中就可以将采访声音或者同期声与解说词交替使用。虽然在内容表达和信息传递上，二者的功能相差无几，但因为形式的不同，两者的交替使用要比单纯使用其一生动得多，因而也更能抓住观众的注意力。

因为组成元素甚多，在写作的时候就变得格外灵活。当你写了两段解说词，感觉难以为继的时候，就可以考虑一下，这里是不是可以做一点特技处理用来过渡？或者用音乐渲染一下氛围，以达到"此处无声胜有声"的境界？又或者让主人公自己出来说两句话？换一种元素，不仅可能变得活泼生动，让过渡变得自然而然，还能化解一种元素讲不下去的尴尬。

从写作者本身来说，可用元素越多，写作就会越轻松。因为各种元素有不同属性，天然承担着不同的角色使命，这样就可以帮助我们把文案写作化整为零，减轻写作压力。

2.11.2　如何以变化带来美感

变化可以发生在不同元素之间，还可以发生在同一元素的不同层级之间。同时，变换要遵循一定的规律，不能任意妄为、破坏观感。

（1）不同元素、不同层级之间的运动带来美感

不同元素，指的是解说、同期、采访、音乐等之间的变化，形式的变化使视频时不时换一种样子，让人耳目一新、持续观看。而有的元素本身就是很丰富的，比如解说词。解说词在基本的写作规律上与普通文学相似，只不过还要遵循视频的讲述规律，是糅合了两种艺术形式而生成的。

从普通文学的角度来看，解说词的写作与记叙文、说明文、议论文一般无异，同样要讲究相关的逻辑关系。比如，我们常说"以点带面""有点有面"，就是要求文字材料能够既有实例、又有概括，让读者既能感知具体细节，又能了解宏观概貌。这个规律在解说词中同样适用，我们不能一味地讲故事，也不能一味地讲道理，最好的方法就是讲一个小故事——带出一个"面"的概貌——再上升到更高层级的论述升华或者回到故事。这样就完成了在不同层级之间的运用，尽管只有解说一种形式也避免了枯燥无味，还能够既有细节又有全貌，实现信息和情感的传达。

当然，解说词的变化还有很多种，我们可以把这些变化元素概括成三种：举例子（讲故事）、讲道理、升华抒情。要记得在这三种元素之间来回穿梭：举例子之后要升级成道理，或者升华成更高层级的感情。不要拘泥于某一种元素，动得起来才是好看的文案。

实例 2-29

如何用小例子讲好大事件

不得不承认，很多时候我们是"不得不"讲故事，因为我们

要阐述某个现象或者解释某个政策，这些抽象的内容如果直直地用解说词，观众不易看懂，也不喜欢看，但套用小故事牵引，就会生动得多。在具体事例和宏观抽象内容之间的变换，就是一种层级变化。

比如一个关于某地农村发展电商的短视频，如果直接报送数字或概貌是没有吸引力的，但是用上事例就不同了。

【解说】从事职业培训的苑光辉一大早驱车从市里来到莒县，他的员工正在给这里的农民培训电子商务。很多乡亲是第一次跟电脑打交道，虽然网上购物在农村也不是新鲜事儿了，但要从买东西的变成网上卖东西的那个人，这对大家来说还是很新奇。他们成了日照农村抱团从事电子商务的弄潮儿。

【镜头】农民们跟着老师上网

【采访】苑光辉：电商这个职业和传统的职业（相比）应该是一种历史的商业模式的一种变革。农村这个地方信息相对来说闭塞一些，所以他对电商认识得更浅一些，前期的培训难度会大一些。但是我想，如果说只要我们努力去做，老百姓如果一旦认识电商这种优势，认识到电商是一次千年不遇的历史发展机会，也是对他们个人的一次很好的成功机遇的话，他们会利用好我们农民的这种朴素的和这种比较辛勤的本色，能更好地把电商做好。

【镜头】某社区电子商务协会挂牌成立

【解说】洛河镇的张宋社区在今年7月份新成立了星云电子

商务协会，这是日照市商务局在农村推广电子商务的重要举措。这栋矗立在庄稼地里的办公楼孵化着许多人的淘宝梦。

【采访】镇长：为更好地吸引在外务工青年返乡创业，我们在市商务局的帮助下，成立了莒县星云电子商务协会，采取引进外援、一对一帮扶的方式，将外地电商成熟的经验引进洛河。现在，我们已成功签约商家7家，发展会员62家。下一步，我们将继续加大培训力度，为更好地实现大众创业、万众创新搭建载体和平台。

【镜头】上课培训

【解说】这里和其他农村一样，青壮年农民多数选择外出打工，留守妇女、老人多，农村的经济发展受到阻碍。市商务局和镇政府对农村发展电子商务寄予厚望，希望通过良性发展，解决农村留守人员工作、吸引在外务工青年返乡创业、进而带动整个地区经济的发展。

······（略）

扫码看视频6：
短视频《编织在网上的梦想》

因此，视频文案的"变化写作法"就有了两个维度，一个是不同元素之间的变换，另一个是同一个元素在逻辑上下级之间的变换。这两个维度可以并行或交替使用，让文案生动不呆板。

（2）变化要符合视听规律

视频既有声音又有画面，元素众多，在变化的时候要特别注意以下几点。

① **每个阶段只有一个主角**。这里的主角指的是某一元素，比如当想用音乐渲染情绪的时候，就不要乱加解说画蛇添足；想用炫酷的特技带来时尚动感，就不要同时突出画面的纪实性。元素要变化，要多而不烦，要让每个元素都有当主角的机会，配角不要争彩。

② **用观众的感觉来裁决**。文案创作者既是作者，同时也可以当自己的读者或观众。基本的守则就是：自己感受着耐受度，比如当写解说词到一定量，回过头来读一遍，假设自己在看这段视频，解说到哪里该停下更换其他元素？直觉会告诉你该在哪里另起一行换元素。要让这种变化丰富却不杂乱，新鲜却不哗众取宠。

③ **变化不要刻板**。不要为变化而变化，明明一种元素的势头还没有用尽，就非要换另一种。刻意制造应接不暇的观感，观众会真的因应接不暇而放弃。同时，元素变化不要呆板，不要解说—采访—解说—采访无限循环，尝试添加其他元素，哪怕是一声空谷鸟叫、一阵街市上的喧嚣，都可以打破沉闷的讲述环境，让人精神一振。

循规律

提到规律，很容易让人想到"循规蹈矩"，想到"套路"，但它们是不一样的。遵循规律不是因循守旧，也不是没有诚意的搬用，而是尊重艺术创作的方式方法，尊重事物内部的自然法则，是对创作的根本把握。

2.12.1　规律是世界之骨　万物之纲

小说《三体》曾描述了一个无规律的"三体世界"：在一个我们看不到的宇宙边际，一个星球的上空有三颗太阳，但这三颗太阳的出现似乎是毫无规律可言的，有时通天漫照日不落，有时倏忽急逝陷入长久黑夜，更可怕的是三颗太阳有时一起出现，很快便烤干地面上的一切。没有规律的太阳出没，导致星球上的居民苦不堪言，演化出一种"脱水"生存的本领，而星球领袖更是世代以研究太阳规律为使命。相比之下，读者会感到无比的庆幸，原来在地球上平凡生活的我们是如此幸福。

小说只是一种畅想，却不妨引来与我们的现实生活相比较，从中发现平时看不清、想不到的道理。试想，我们地球上的生命已经繁衍生息数十亿年,太阳朝升暮落,四季轮回流转,一切循环往复孕育着绵绵不绝的生机。虽然常有灾害发生乃至生命灭绝,但灾难的频率比起地球的生命长度来说是微乎其微的。在茫茫不可知的宇宙中,我们地球和人类能够安然无虞地长度时日,这不是机遇和幸运,是因为我们的世界拥有一个根本:规律。

什么是规律?规律就是太阳落下明天还会升起,一颗种子会长成一株植物,一道数学题有特定的方法可以解开,它是世界万物间内在的本质联系,是稳定和反复出现的关系和原理。

远古时期,原始人类看到火会害怕,听到雷声以为是上天降下惩罚,他们活在无尽的恐惧之中,是因为还没有掌握足够多的世界运行规律。为了找寻规律,人们世代追寻和研究,于是我们有了节气,有了历法,有了农时规矩,有了伦理纲常。在掌握了规律之后,人们发展的脚步明显加快,从而发现了更多的规律。可以说,规律就是万物运行的法则。

万物的规律,不论我们了解或不了解,它都存在。掌握了这个规律,就会事半功倍;无视规律,自然也就寸步难行。毫不夸张地说,如果把世界看作一个整体,那么规律就是它的骨架,是万物的纲领性文件。

2.12.2 规律与创新的关系

在经济社会急剧发展的今天,"创新"是一个出现频率非常高的词,可以说,创新是时代发展的主题,也是个人思维成长的主题。在视频文案创作中,创新的基础,一个是规律与创新,还有一个是模仿与创新。

在理解规律与创新的关系之前,我们先来了解一个现象。在我国纪录片发展的初期,有些创作者非常注重个性的突出、形式的新颖和对传统的突破,但也常常忽略对纪录片既有规律的把握。这样拍出来的纪录片个人化风格非常强烈，但也常常让人摸不着头脑，不喜欢这个风格的人可能会有看不进去的感觉，这样的纪录片也会变为一个小众化的艺术品类。

有人会支持纪录片的小众化、无规律，但实际上纪录片是一个非常大众化的艺术门类，人们看纪录片绝不需要多高的艺术修养，而是应该像待家常便饭一样的习以为常的。那大众化的纪录片靠什么？靠的就是规律。打个比方，许多纪录片遵循一个故事要在7分钟以内讲完、不能拖沓的规律，因为太长会违反观众的收视情绪，观众会换台的。这个规律被《舌尖上的中国》很好地发展了起来。《舌尖上的中国》剧组曾专门统计过收视规律，他们发现，一个故事在7分钟以内的时候就会出现收视高点，再长就进入收视低谷。因此，《舌尖上的中国》第一季严格恪守这一规律，一个故事绝不超过7分钟。根据后来的收视情况和社会反响，《舌尖上的中国》火遍大江南北，有力推进了中国纪录片的发展。《舌尖上的中国》的成功，与创作者严格遵守艺术规律有着不可分割的关系。

有时候，我们的创作者强调个性与创新，常在作品中烙上独属的印记，或者认为别人没有用过的、独特的形式才能体现作品的艺术价值。这个观点缺少一个基础，那就是遵循规律。没有规律的思考与扩张是瞎摸乱撞，偶尔成功了也不自知，还以为是思考的力量，殊不知是恰好契合了创作的规律。正确的做法应该是在掌握规律的基础上，再进行创新与思考，在牢固的地基上才能盖起不歪不倒的高楼大厦。

那么，视频的规律到底是什么？广义上来讲，一切经过验证的、正确的方式方法都可以称为规律。本书分享了一些方法和技巧的规律。这些可以帮助创作者尤其是新手建立起属于自己的创作路径，还可以帮助大家更好地掌握文案的整体风格。

2.12.3 类型片的规律要点

在实际市场需求中，有几类视频创作频率比较高，它们分别是宣传片、形象片、专题片、纪录片以及短视频。

（1）宣传片以气势而取胜

一个视频的创作首先要考虑它的用途和对象。宣传片的目的是将某事物特点宣传出去，视频很可能要在公众场合播放，受众可能是匆匆而过，也可能是嘈杂环境中的人群。为了抓住人群的注意力，达到宣传的目的，宣传片要能够有足够的气势震撼人心。

在文案的写作上，宣传片要体现一气呵成、自然流畅、融会贯通。在遣词造句上，应该在严谨有度的基础上使用铺排的手法，以排比、对仗等语法手段使行文铿锵有力、抑扬顿挫，词句尽可华美、雄奇。汉代有名的文学体裁"赋"的内核就是这个道理。

实例 2-30

一个乡镇的两张面孔（之一）

以下为一个乡镇宣传片部分片段：

"有人敬佩他的奋斗，创新与拼搏定义着一方热土的品格。

有人读到他的历史人文，从春秋时期绵延而来的乡俗古韵告诉我们根在哪里。

守住千年匠心，一刀一凿复刻砚石艺术的辉煌。

释放百年之力，一拳一脚重现中华武学的博大与精深。

守正含蓄，海纳天下国学之精粹。

崇德尚廉，代代相传忠厚诗书之礼。"

这个宣传片主要是放在镇主街，向全镇人民和来客播放，因此行文对仗严谨，体现当地的传统文化精神。

（2）形象片以走心而灵动

形象片，顾名思义就是能够代表客户形象、体现客户本心的一种载体。在写这类文案的时候，就要尽量思考：客户本身想展示什么样的气质？时代审美潮流在不断变化，就如同20世纪五六十年代女性美的标准"脸若银盘"，在今天就已经发生了变化。所以，创作者要考虑到时代和社会的审美，以及与客户的贴合度，两厢结合打造一个受欢迎的形象。时间走到今天，人们越来越喜欢走心、接地气儿的作品，所以越来越多的客户不再喜欢"高大上"的强拉硬配，而倾向文案走心灵动，展示在浮华社会里的淡定、慎思与个性。

实例 2-31

一个乡镇的两张面孔（之二）

以下是同一个乡镇的形象片部分片段：

"人生的每一次出发，都是为了更好地归来。

每一段旅程，都是为了找到心目中的家。

出题目：家在＊＊＊

我曾经走过很多地方，带着半生积蓄，带着团队和技术，只为找到一个能让梦想壮大的家园。

企业家口述：＊＊＊

我曾经出走半生，用汗水打拼，只为家人打造一个富裕无忧的未来。

当地居民口述：＊＊＊

我曾经四处求学，多方历练，只为让自己成长为一个有价值的人。

志愿者口述：价值感，就来自那句简单的谢谢，来自那一个个单纯的笑脸，来自人与人双手握在一起时的温度。是这一点一滴，让我迅速成长。

在这里，我们不仅创造利润，更经营梦想。

在这里，我们不仅收获财富，更收获尊严。

在这里，我们不仅实现成长，更找到人生的方向。

在这里，我们不仅享受着绿色与健康，更呼吸着自然与安全。

心安处，即是故乡。"

（3）专题片以思辨而厚重

专题片是我国独有的一个片种，国外统称为"纪录片"。为什么会出现专题片这个种类呢？这与我们传统的宣传习惯有关系，很多时候需要主题先行。所以，专题片一般具有较强的政治属性，对解说词依赖较多，需要较强的逻辑关系和思辨能力。在文案写作中，要特别注意框架的搭建，让整个篇章稳健严谨、端正大气。

（4）纪录片以客观而真实

纪录片与专题片原则上同属于纪录片行列，但二者严格意义上有区别。应该说，专题片偏向主观，会把观点直接告诉观众；而纪录片则偏向客观，通过过程、事实让人感受创作者的理念。客观真实是纪录片的生命。如果说专题片是主题先行的，那么，纪录片就是"主题后行"的，一定是在客观事实之后再出现所谓主题。因此，纪录片文案的写作一定是描述多于总结、叙述多于抒情，尽量在事实的白描中让观众不知不觉受到感染。

扫码看视频7：
短纪录片《沿海防护林往事》

（5）短视频以"抓点"而精彩

短视频因为短，无法在有限的时间内展开逻辑推导、事实铺排，因此，它的文案写作要本着"抓点""亮点"的原则去创作。抓点，就是要考虑清楚给观众看的点是什么，然后想办法让这个"点"亮起来，越突出越好。新闻通讯有一个原则叫"短平快"，挪在短视频身上，它一定是短、快，但绝不能"平"。短视频的亮点要突出，让人一见惊艳、深刻难忘。

意外喜

人们常说一句话："你永远不知道明天和意外哪个会先来。"生活中如此，视频创作中的意外更是常见，有时是约定好了的采访变了口风，有时是预计中的拍摄没有拍到，有时是安排好的剧本出了问题，有时是客观环境、客观条件的突然变化……如果说生活本身就是脆弱和不确定的，那么，视频创作和文案写作就是脆弱性和不确定性的高度浓缩，因为视频创作和文案写作的特殊的工作性质，工作中意外频频光顾，也因此考验着创作者的应对能力。

2.13.1 意外是惊吓还是惊喜

我们在任何一项工作中，都不喜欢意外发生，希望一切都按照自己的想法来。但是事与愿违，如果细心回顾，就会发现多数已完成的事情早就脱离了原来的设计和规划。这一点在视频创作中尤为突出。文案作为创作蓝本，可能要不断进行修改以进行自洽，将意外缝合进成片就成了文案写作者的本领之一。

（1）创作的不确定性

视频创作是一个团体性的工作，人一多就容易出现意外。比如，编导想让摄像执行某个想法，但摄像的理解偏差和个人的创作追求会导致结果偏差。这时团队就面临两种选择：重拍或者将就用这些镜头，编导和文案改变想法重新构思。

视频创作过程还是一个全开放的系统，各个环节都不是封闭的，要跟各个方面打交道。比如，有时计划中一个很重要的内容，现实却实现不了了，是花费力气去争取实现，还是放弃它而另作它想？很多时候，这些意外和矛盾会集中到文案写作，让你来裁决该怎么办。

如果制片人或编导非常强势，大可以坚持住原本的想法，不惜代价也要按照原本的想法去实现。这样的思路或许可以放在电影和电视剧的创作中，在视频的创作中是较少见的。为什么呢？因为视频的创作是即时性多于计划性，不可能像影视剧那样搭建好场景、安排好"服化道"，而是一般就地取景、根据情况来撷取适当的镜头，因此，懂得借势、不要强求才是可取之道。

（2）接纳意外是一种能力

人的大脑都有选择稳定的趋向——意外越少越好，这样我们才安全——这是来自远古时代与野兽搏斗、与恶劣的环境抗争带来的基因传承。诚然，对意外的规避让我们的种族顺利繁衍，但也因此带来了各种规则、条条框框，我们甚至希望依赖这些"规则"来保持稳定和固化，希望它适用于一切条件和环境。但这显然是不可能的，因为环境时刻处于变化中，稳定和变革交织着前进。

《反脆弱》一书开篇即说："风会熄灭蜡烛，却能使火越烧越旺。"

作者指出，"有些事情能从冲击中受益，当暴露在波动性、随机性、混乱和压力、风险和不确定性下时，它们反而能茁壮成长和壮大。"作者把这种能在动荡中成长的能力称为"反脆弱性"，认为它比复原力和强韧性更为重要。

2.13.2　让意外成为闪光

在文案创作遇到纠结和意外时，我们要选择拥抱和接纳意外，根据这些意外情况重新构想文案和脚本。原因是多方面的，一来重拍会增加成本，甚至因为时间、资金、天气等原因场景不可再现；二来重拍的就一定会更好吗？在视频的创作中，我们要秉持"一切是最好的安排"的想法，拥抱意外，让它成为惊喜而不是惊吓。

实例 2-32

最好的，不一定是最完美的

一些刚参加工作的新人本着完美主义的追求，对内容要求苛刻到呆板的地步，以下分享一位前辈的故事。

彼时的前辈还很年轻，有一次配合央视编导拍摄一部关于部队官兵的片子，其中有一个细节是拍摄士兵们头顶砖块，另一个士兵拿大锤当头砸下的场面。按照常规，头顶上的那些砖会应声而断，不管是顶砖的士兵还是抡锤的士兵都以一声大喝体现出勇猛刚毅。

这个细节是一个摆拍的过程。为了选取最好的镜头，摄像一口气拍了好几条。收工以后，前辈和央视编导一起挑选可用的镜头，前辈把一个镜头当作废镜头要删掉：大锤砸下，砖头却歪了，顶砖的士兵明显没有顶住，龇牙咧嘴地倒向一边，表情很是遗憾。前辈觉得这个士兵没有表现好，镜头是"废"了。但那位央视编导却阻止了前辈。前辈很疑惑：这个镜头拍坏了，为什么不能删？那位编导笑而不语。等到最后成片出来，前辈惊讶地发现，那个差点就被他删掉的"废"镜头，竟然是整个片子的第一个镜头：一声大喝，一锤下去，士兵顶着的砖一歪，士兵一咧嘴——前辈说，这简直绝了，规规矩矩的其他镜头，全然比不上这个"废"镜头有冲击力，一下就让观众体会到了士兵们作为活生生的人承受着多么强大的压力，表现出了士兵们训练的刻苦，让人心疼。而这，正是该片闪光的亮点：人性。

观察这个镜头的产生和编导选择的过程，可以发现，正因为它"拍坏了"脱离了摆拍的刻意，因真实而打动人心。

所以，建议在创作中，要将所有的镜头进行保留，哪怕是摄像师觉得拍得不好的镜头，也一定要留到最后，因为谁也不知道哪个镜头会成为"神来之笔"。

2.13.3　做一个快乐的裁缝

既然选择拥抱意外，就要有容纳的能力来消化这些意外，使之作为营养而不是毒素出现。文案写作就像是裁缝工作，学会把碎布头连缀成衣，还会巧妙地利用变化和漏洞进行再创作。其中的道理是这样的：按照设计好的路线进行创作固然可靠，但作品也会局限在既有的框架里；正是因为有意外、不可控的因素出现，让作品有了更多可能性，具有了真实、自然、启迪、突破等优秀属性，从而超出预期结果，成为真正的"天作之合"。一言以蔽之，文案创作者要拥有在意外之间转圜自如的能力，有随机应变的能力，有对意外进行观察和自我反思的能力，同时也要有打破自我进行重生的勇气。

有人会疑虑：如果允许意外频频产生，就会打破我们原本顺畅的路线图，使得作品粗糙难看。实际上，如果从作品的价值上来考量，艺术内涵的重要性要超过形式的美观。某种程度上，粗糙就是真实的代名词。为什么真人秀节目会大行其道？就是因为人们看腻了设计精美的综艺，想要看看没有设计（实际上设计是隐藏式的）、意外频出的人们是如何真实地"存活"下去。而且根据事物自身的自洽能力，出现的意外除非是更改主题，否则并不具有足够的破坏力，反而会促生更多创造力。

在文案创作中，正是因为意外不断出现，一次次冲击和打破原有的观点和框架，顺势而为、重新构建、原地生发，新的创意和理念随之层层升高，最终成就最初想不到的高度。

敢模仿

我们常说：艺术贵在创新。诚然，创新是引领发展的第一动力，但创新不是空中楼阁，在能够创新之前我们需要怎样打好基础呢？在前面的章节中我们曾讨论遵循规律和创新之间的关系，"遵循规律"就是创新的基础之一。除此之外，"模仿"对创新或练好技能也是至关重要的。

2.14.1 模仿不是错

今天，大家都在强调创新，很多企业将"创新"作为企业文化，视频文案的创作更是强调创新。这本身并没有错。但在执行的过程中，人们却常常过度地强调创新，轻视模仿，仿佛有创新点子就是人才，只会模仿的人便是庸才。事实真的是这样吗？模仿真的应该被鄙弃吗？

（1）模仿是技能练习的重要一步

美术大师吴冠中曾对他的学生说过这样一句话："你一定要穿着大师

的拖鞋走一走，然后把拖鞋扔了，在穿和脱的过程中，你就会找到自己。我就是这么走过来的。"在这里，"穿"即是模仿，"脱"即是打造出个人风格。这个道理很好理解：站在巨人的肩膀上，成长自然更快一些。

在中国的传统中，"模仿"是很重要的一种文化。我们从小临摹大师的书法笔迹，学习大人的言行礼仪，经常读某个作家的文章就不自觉地学会了他的文风语气。说到底，人类本身就是因模仿而成长的物种，"学习"两个字本身就包含模仿的意思。

在技能练习的路途上，模仿不仅有效，而且见效还很快，简直就是一条捷径。为什么呢？因为前人已经把路都蹚平了，哪里是弯路、哪里有坑都标明了提示；所模仿的成功作品经受了时间和市场的考验，优点、特色一目了然。用在文案写作上，刚入门的时候应该先接触前人的优秀作品，还是应该自己在黑灯瞎火中摸索？答案是不言而喻的。不是任何天马行空都值得鼓励，在遵循规律、习得经验的基础之上再进行创新和个性的展示，才会有真正扎实的好作品呈现。

（2）模仿与创新都不可走极端

我们的文化还讲究一个"度"，物极必反，模仿与创新也是一样。2012年，《中国好声音》的舞台上有一个小伙子模仿演唱张学友的《吻别》，唱风音色几同原作。导师却说："如果这是模仿比赛，你一定可以赢；但是我们是在寻找好声音，你一定要找到自己的唱法。"那个小伙子因此被淘汰。

完全的模仿不可取，那么完全的创新呢？我们一直在强调创新，但忽略其他条件的一味求取创新只能是一厢情愿。所谓创新，一定是在有基础、有积累的前提下进行的革新。打个比方，如果一个事物的量是100%，那么 95% 是既有基础，5% 是创新就已经非常了不起，这个量比关系越来越被认可，称为"微创新"。越来越多的研究和实践证明，微创新才是真正可行的创新。

模仿与创新不应该是对立的关系，完全的模仿与完全的创新都不可行，在模仿学习的基础上进行创新才是可取之路。齐白石曾说："学我者生，似我者死。" 生与死之间的地段才最考验我们的智慧。

2.14.2　模仿得好就对了

视频创作相比其他技能或艺术更倾向于实用，所以在借鉴和模仿这一点上更加重要。实际用在文案写作中，如何才能从模仿走到成就个人风格呢？以下分享几个经验。

（1）通过模仿练语感

不管是视频文案，还是普通写作，不少创作者都有一个共同的痛点，那就是"文笔不行"。其实，"文笔不行"只是一个很粗陋的概括，似乎涵盖了文风没有特点、语句不够通顺、条理不够清晰、让人读起来没有感觉等。要改善这个问题，建议多读大家、名家文章，最好是找一个自己最喜欢的，将他／她的书或文章都找来，反复读、一直读，在刻意练习中模仿他／她的语感。俗话说：熟读唐诗三百首，不会作诗也会吟。说的就是这个道理。

视频文案有其独特的文风特点，如今在各大平台网站观看视频非常方便，建议小伙伴们找优秀的视频来看，通过多看、多读，慢慢揣摩个中滋味、内里玄机，再勤加练习，逐渐就会形成自己的风格。

（2）找到导师和伙伴很重要

一个人的摸索总是免不了曲折弯路，有时迟迟找不到正确方向。所以，在开始学习的时候找一个导师或有经验的朋友就显得很有必要。

有人带领和陪伴的好处有这样几个：一是提供现成的经验以供学习；二是随时指正你的错误少走弯路；三是有一个榜样可以直接对标赶超；四是有人陪伴同行，会让你在学习之路上更有耐力，坚持得更长久。

在这里，第四点尤其重要。因为在我们的工作中，技能难度、人际关系、客户苛责……这些纷杂的因素会时不时侵袭我们的耐心，有时候我们会灰心丧气，想要放弃。这时，如果有一个老师或者朋友在身边，有困难了可以向他／她倾诉，请求指点。他／她作为旁观者，常常会更清醒地看出问题，哪怕不是具体的技能指导，也能从别的方面给我们提点和指导，就像加油站一样，给我们继续前行的勇气。

（3）多积攒几个常用的套路模板

视频文案与普通文章不同，视频因为种类的局限，多见稳定的形式和风格。在你的工作中最常接触的是哪一类或哪几类视频呢？最好的办法就是针对这几类视频文案找几个模板套用，或者在实践中自己打造几个模板，遇到题目可以直接套上，在套用中再度进行创新，这样既可保证作品的质量和创作速度，又可以有创新的基础。

实例2-33

小模板大用途

很多人刚开始接触专题片这个领域的时候如瞎子摸象一样，

在面临客户的各种要求时常常觉得眼花缭乱，不知从何入手。以下是一套针对专题片的文案创作模板，供大家参考。

片头立情怀：以特有的高度和观察力展现对主题的理解，具体参见"立情怀"一节；

正文分板块：按照宣传需求将正文内容分成几个板块；

起好小标题：专题片、汇报片一般内容较枯燥，内容上无法增加趣味，那就在形式上尽量新颖有趣，小标题是一个很好的利器；

例析相结合：每一个板块是一个论点，在论证的时候既要有事例，又要有分析。

这个小模板可满足大多数专题片、汇报片一类的视频需求。

（4）视频文案模仿的几个方向

当接触到好的视频作品，我们应该模仿对方的什么呢？一般可以从如下几个方面进行学习和模仿。

① **结构**。观察作品的结构，由什么框架组成、以什么线索串联，这是作品的骨架和经脉。看得清结构就如同具有了透视眼一样，会对作品有更深层次的理解，更可以将合适的结构运用到自己的创作中。

② **立意**。看对方的主题立意，试想如果自己拿到这个选题，会怎样立意？与作者的差距在哪里？进而思考立意的角度和方向，将总结出的思路运用到以后的创作中。

③ **文风**。如前文所述，文风是最易模仿的，也起效最快。最好的方

法就是看大量的优秀视频或者阅读大量优秀文案，在刻意练习中将优秀的文风融入自己的作品。

④ **创意**。模仿的终端是创新。每一个经得起时间和观众考验的作品，一定在创意方面有独到之处。找到它的创意点，启发自己，发散自己，让自己的下一个作品迸发出更好的创意火花。

要记住，我们模仿他人，终极目标是成为自己。

找亮点

你是否有这样的体验？看别人的视频觉得跌宕起伏、荡气回肠，自己写的时候却总是找不到重点；写出来的事件、人物常常很平淡，通篇看上去虽也中规中矩，但就是让人印象不深刻。这就是因为缺乏亮点，文案缺少"高光"。

2.15.1　亮点是打动人的光

什么是亮点？亮点就是文案中让人精神为之一振、可以留下深刻印象的地方，也可以称为"兴奋点""新闻点"。一般情况下，找亮点是选题立意之后最重要的工作。比如要做一个关于港口工人的选题，首先要看他有哪些傲人的成绩、有什么独特的经历或者有什么打动人的小故事，这些能拆开来细说又对全篇有支撑作用的"血肉"就是亮点。

亮点并不总是等在那里、一望而知的。一旦缺乏挖掘和思考，就容易让文案流于平庸，过于程式化、像流水账，也就不能体现出价值来。有人可能会说：生活本来就是这样啊，这个人物本来就是没特点啊等等。

但是真的没有亮点吗？我们常说："生活不缺乏美，而是缺乏发现美的眼睛。"找亮点就是一个思考和发现美的过程。

在 2019 年的主持人大赛上，董卿作为点评嘉宾曾说过："我们要发现事件当中不一样的地方。"当时的选手做了一个关于低智人群做洗车工作的短片，视频完成得很好，创作者带着平等、亲近的视角，把这群孩子当作正常人来看待和尊重，体现出浓浓的人文情怀。但是成也在此，败也在此。正因为视角太平等，反而漏掉了一些可以出彩的地方。比如，这些孩子智商低下，他们是如何克服这个困难去正常工作的？前来洗车的客人又是如何看待这个群体的？如果带着冷静和觉察去思考这个现象，就容易发掘出平常看不到的特点。

这些带着思考的问题和探究就是亮点。

有人会提议：可不可以加一些噱头来抓人眼球？用噱头不是不可以，但噱头只能充当"药引子"，真正有价值的亮点是独特视角下蕴含了思考的展现。

而且发现本身就是一个美好的过程。找到别人找不到的，看到别人不容易看到的。这个独特的价值创造过程能产生极大的愉悦感。

2.15.2　亮点怎么"亮"

不管是现成的要点，还是经过挖掘与思考而生成的亮点，在放进全片布局的时候都要精心安排处理。同时，对一些亮点不突出的选题，我们可以有针对性地主动打造亮点。

（1）亮点要"亮"得有节奏

亮点作为全片的"兴奋点"，既不能太密集也不能太疏离。

绘画中有"留白"的手法，摄影中讲究留个空处来"透气"，同理，视频的兴奋点与兴奋点之间也要留有空隙，这样才能让观众有喘气的机会，不至于因刺激过度产生审美疲劳。

有的创作者喜欢用一个个故事做全片的支撑点，根据观众的收视心理，一个故事的讲述时间不能超过7分钟。也就是说，如果一个视频长度是30分钟，那么故事不能少于4个。同时还可以用亮点来作区域划分，一个7分钟的短纪录片，亮点不能超过3个，也就是每两分钟最多讲一个亮点故事。亮点的密度可以根据创作者的喜好、视频的种类进行个性化安排，但总的原则是疏密有度、留白适当。

（2）高山之间必有沟谷相连

有的时候，我们也会产生这样的怀疑：经过思考，发现这个人／这件事有几个地方可以提炼成亮点，但是这样天马行空的想象，到最后能够连缀成篇吗？能够自圆其说吗？就如同前文所述的例子，能够既挖出低智人群的不一样，同时又兼容已经确定的立意——"平等和尊重"吗？

当从事视频创作多年以后，笔者常常有这样的感觉：一个作品既是创作者的心血，同时也具有独立的生命，它们可以在某种意义上成全自己。正如一位前辈所说："你只管放心去找亮点，高山之间必有沟谷相连。"

实例 2-34

放手让文案实现自洽

以某乡镇宣传片为例。这个乡镇可以宣传的关键点有两个：景色美生态好，大型塑料产地（经济强）。直观地来看，生态和

写好视频文案的
第2章
19个技巧

塑料这两个点似乎是不可调和的内容，因为一提到塑料，我们就会不自觉地将其和环境污染联系在一起。如果一定要全部展现，这两座高山之间有相通的沟谷吗？

　　有的。首先，这个乡镇为什么打出生态品牌？就是因为经济强大了，可以为改善生态注资。其次，一个追求生态的乡镇，对危害环境的塑料生产必然是有限制的。笔者经过走访，发现这个乡镇大力吸引环保型企业，尤其是推动和促进可降解塑料的研发和生产。在一个小小的乡镇里，竟然有可降解塑料研究室。随着调研，越来越多的亮点一个个"蹦"了出来，它们水到渠成地汇合成同一条大江，一个富强、生态、高科技的乡镇正面形象树立了起来。峰回路转，一个不可调和的矛盾就这样自然而然地化解了，但这不是创作的结果，而要归功于事件本身具有的自洽性。

　　为什么我们说高山之间必有沟谷相连，而不必去人为铺设道路呢？这是因为不管是大自然，还是人类社会，抑或是宇宙，都有它的自洽系统。你只要用心去发现，就会找到它们之间浑然一体的相连模式。

（3）为人物塑造出性格

看小说或者影视作品，我们喜欢那些有性格的人物。什么叫有性格？就是具有跟别人不一样的地方，尤其是能契合时代和社会大众的喜好，能让观众产生同理心和代入感的部分。

假设你要给一个饭馆老板做个短视频，你围绕他吃苦耐劳、诚信经营写了不少东西，但总觉得缺点什么。缺什么呢？缺不一样，缺新鲜。很多创业者都会吃苦耐劳、诚信至上，你要让你的主人公被人记住，就要展现不一样的东西。比如说：这个老板每次炒新菜都把锅搬到门外当众炒，再请老街坊来品尝，体现自信和善于吸纳意见。又比如：这个老板很倔强，他一定要按照传统方法制作食品，坚决不跟风不改变。

性格没有好坏，每一个人物特点背后都是他全部的生命体验。人物性格就像是一盏灯，在它的照亮下，我们可以看到人物生活乃至生命中的其他部分。如果觉得自己笔下的人物不够典型，就要多问问这个问题：这是一个独特的人吗？有没有概念化、类型化？他和别人的区别是什么？

做视频常说一句话：人物要立得起来。人物靠什么立起来？靠性格，而性格要靠言行。钟南山院士在 2020 年获得了共和国勋章，如果要给钟老做一个短片，你打算怎么来表现他？钟老取得了极高的成就，为国家做出了突出贡献。如果只是中规中矩地表现他的吃饭、开会、搞科研，那么人物性格就不突出。但是如果为人物性格加点分量，比如钟老走红毯都要快步，因为他想着"显得年轻一点"，再联系到他平常热爱锻炼身体，一位心态年轻、积极向上的可爱的院士形象就树立了起来。

正如文案立意需要用一个精准的词来概括，人物性格的塑造也需要扣住一个中心词汇，让人物形象鲜明突出，比如勇敢、诚信、勤劳等。但这里要注意一个问题，人物性格一定是人性的生发和表现，尽量避免不假思索地挪用社会标签和刻板印象。比如，一个非遗文化的传承人，定义他的性格是否可以用"传承"？建议少用，因为传承并不是人性根本，我们还可以继续往深里挖掘，他坚持和传承的深层次原因是什么？

在视频中，人物的性格就是视频的灵魂。回想看过的视频，事件的前因后果、曲折动荡可能我们都淡忘了，但那些活灵活现的人物形象却久久地留在我们的脑海之中。只有人物立得起来，作品才会摆脱工业流水线的标签，才会成功进驻观众的内心。

（4）让故事更有特色

电视上一度特别流行猎奇类的节目，这类节目的收视率常常很高。夜空中出现的不明飞行物是什么？没有人的房间为什么会自己亮灯？看完节目后再来总结，这些其实不过是一些错觉或者偶然现象，但是被冠以这玄秘的探询味道后就成功地勾起了观众的好奇心。有人说，这不就是标题党嘛！这不仅仅是标题党，这类节目的底层创作逻辑，其实就是想让故事有特色，这样才会提高收视率。

那么，除了猎奇之外，我们还可以如何让故事更有特色呢？

① **选题要具有特殊性。**尽量选择具有特殊性的选题，就像你要做菜，材料一定要选对，你挑了条腌萝卜却想做出海鲜的味道是很难的。曾经有一个电视栏目征求选题，编导用了一个形象的比喻来说明他们的需要：比如要找一只青蛙，四条腿的都不要，三条腿的就可以考虑。这虽有猎奇之嫌，但也说明了一个问题，那就是选题本身要带有特点，要有不同以往和不同其他的特色。

② **挖掘不一样的内容。**这也是最考验创作者功力的地方。同样一件事情，你如果能找出别人看不到的点，或者想出一个不一样的角度，这个片子就有了鲜明的作者色彩。怎样才能做到呢？平时需要多听多看，积累见闻知识；遇到具体选题，多查阅了解相关资料，接触的面大了，总会有灵感迸发出来。

③ **在讲述方式上求新求变。**如果选题也定了，方方面面也没有什么特别的亮点，那就不妨在讲述／写作方式上思考一下出路。顺叙容易普通，那

么倒叙和插叙呢？解说词多了让人疲惫，那如果改为让主人公自己讲述呢？

④ **注意用细节凸显不一样。**细节是具象化的东西，你家的桌子和我家的桌子有可能是同一家工厂生产的，但绝不可能完全一样，因为它们存在于不一样的环境中，有不一样的故事。具象化让我们为寻找特点找到了突破口。

实例 2-35

用细节凸显不一样

例如为一位孝老爱亲的大姐做一个短片，她的事迹是十几年如一日伺候瘫痪在床的婆婆。因为市里每年都会评选道德模范，有一部分孝老爱亲的道德模范事迹往往十分雷同，都是数年、数十年照顾行动不便或有智力缺陷的亲人，片子也很容易同质化。

要想让人记住，就得想如何突破。要想让人对"这一个"感兴趣，就得考虑"这一个"有哪些不同他人的地方。大面上的事情都一样，那就只好从更细处着手，去找寻合适的细节切入。

在调查走访中发现，这位大姐每天都要在院子里的水管底下刷一个桶。反复刷，刷完还闻一闻有没有味儿。刷好后再放回婆婆屋里。原来那是婆婆每天大小便用的桶。就这个小细节，采访中大姐说：必须要刷干净，婆婆一年到头就在一个小屋里，吃喝拉撒很容易有味儿，便桶干净点也讲卫生。顺着这个点，镜头又去到婆婆居住的小屋，用文字描述小屋的整洁和清新，不像是一个瘫痪老人常年呆的房间。就这样，一个小细节牵出一串细节，很好地表现了主人公的勤劳、细心、积极乐观。

（5）用个人思考升华主题

艺术是源于生活又高于生活的，视频文案也一样，不能只写自己看到的，还要写出自己想到的，尤其是思考提升后的内容。

比如，草根明星"大衣哥"家门被踹。很多视频平台都争相报道，也有采访让"大衣哥"说说心里话。如果让你把这件事做成一个视频，你打算怎么写来突出亮点呢？

如果泛泛地说那些大家都已经知道的事情，视频会有价值但终会泯然众人。如果进一步思考，再去多挖掘事情背后的故事，比如："大衣哥"为什么百般受辱却不搬家？是什么让村民如此嚣张无忌？为什么没有人去帮"大衣哥"？

看起来这三个问题好像是并列互不相干的，但根据这些思考，就得到这样几个亮点："大衣哥"的性格和他明星身份之间形成的矛盾张力；村民法制观念和金钱诱惑之间的矛盾张力；地缘乡情在市场经济条件下的消解。这些点任拿一条出来，都可以既有深度又有高度地再现热点事件。

亮点是思维的光，是对美的感悟和追求。有的人发现不了美，是因为过多的套路和模式僵化了头脑，也封闭了内心。以上几个小窍门，就如同一个个小支点，愿读者能以此撬开创作新鲜感的源泉。

韵律强

很多时候，视频文案与普通文章一样，需要讲究抑扬顿挫的韵律美感。甚而言之，视频文案的解说词因为最终要化为有声语言，它比普通文章更需要以排比、对偶等修辞手法达到某种语气上的态势，实现能够提振士气、动人心魄、沁人心脾的韵律美感。

2.16.1　解说词偏爱韵律美

在我们的传统文化中，韵律是一个被孜孜以求的重要艺术特征，比如汉赋讲究铺排，唐诗对仗工整，宋词婉转曲折，它们都具有与音乐共通的特性——韵律美。可以说，韵律是生长和延续在人类血脉中的一种审美追求。

到了现代，文学样式更加多元化，除了诗歌对韵律的一贯追求，小说等体裁并不特别强调韵律的特征。为什么？因为小说等体裁不需要读出来，是靠"脑补"的文字世界；而诗歌、散文等体裁默认是用于朗读的，所以特别需要韵律美感。

这个道理运用到解说词上就很好理解了。视频解说词初始形态是文字，但最终却要落实到配音——人声的朗读上，所以它的完形状态是声音，完成后更贴近于诗歌或散文诗。所以，解说词或一切以朗诵形态出现的文学作品，都要讲究韵律美。更浅白地讲，解说词写出来要能够朗朗上口，读出来要抑扬顿挫，欣赏起来就如同一首散文诗一样。当然，因为题材不同、气质各异，这种韵律感不会千篇一律。就如政府汇报片需要整肃，形象片需要灵动，专题片需要大气，它们的气质很大程度上都依赖韵律和节奏的打造。

有人会问：那没有配音的字幕形式，也要讲究吗？有些宣传片、形象片虽然没有配音，但字幕却起着小标题的作用，它们的出现并不密集，但重在提神、提示信息。所以，这类字幕的韵律美是十分必需的，它的形式更像一首诗。

同时，解说词与普通文学不同，它最终是要与画面等其他视频元素合体出现的，并不单独成行，因此它的行文和对韵律的追求也与诗歌有区别。具体来说：首先，解说词更直白浅显，本着线性传播的特性，要在有限的时间内传递有效信息，因此不能过于晦涩难解，韵律就起着一部分消解难度的作用；其次，解说词是配合画面出现的，在体现韵律美的时候，画面要跟进及时，二者相互生发韵律感。

2.16.2　解说词中体现韵律的手法及具体运用

在修辞中，能够体现韵律美的手法有多种，比如排比、对偶、重叠、回环等。根据在解说词中使用的频率，也为了学习方便，我们将学习目标集中到使用最多的排比、对偶两项，其他能够体现韵律美的修辞手法可视为衍生或辅助。

（1）排比

排比是由三个或三个以上结构相同或相似、内容相关的短语或句子排列在一起，用来加强句子语气。"排比的修辞功能可以概括为'增文势''广文义'。排比项诽迭而出，语气一贯，节律强劲，各排比项意义范畴相同，带有列举和强化性质，可拓展和深化文意。"（摘自《现代汉语语法修辞教程》）排比节奏感强，增强语言气势，加强表达效果，因而给人以一气呵成之感。

在解说词中，排比最突出的功能就是加强语势，端严的视频因它更显整齐肃严，抒情的视频通过层层铺排直达人心，灵动的视频因它触发多种情境。这种多见于朗诵的修辞手法对解说词或视频文案来说就像夏日的一场及时雨，能解救大部分温温吞吞、不清不楚、拖沓粘连的不畅感。

实例 2-36

用一个"小词"制造排比句

以下是某地官方宣传片的两个方案，请大家阅读并对比一下。

文案一：2018 年，我们在自家门口坐上了高铁、逛上了海洋公园，经济发展快中见好，主要经济指标增幅跃居全省前列，跑出了咱们自己的加速度。城市建设亮点纷呈，民生红包越来越大，环境质量越来越好。实现了高铁梦，我们的"朋友圈"越来越大。实现了整车梦，我们制造的商务乘用车奔驰在祖国大地上；实现了住房梦，多少城中村居民住上了宽敞明亮的新楼房……

文案二：这一年，我们在自家门口坐上了高铁、逛上了海洋公园；

这一年，我们经济发展快中见好，主要经济指标增幅跃居全省前列，跑出了自己的加速度；

这一年，城市建设亮点纷呈，民生红包越来越大，环境质量越来越好；

这一年，我们实现了高铁梦，"朋友圈"也越来越大；

这一年，我们实现了整车梦，我们制造的商务乘用车奔驰在祖国大地上；

这一年，我们实现了住房梦，多少城中村居民住上了宽敞明亮的新楼房

……

第二个文案，在每一个句子之前只是加了一个"这一年"，让罗列的事例形成整齐划一的节奏，不仅韵律感强劲，更让事实表达得越发清楚、明白，让原本混沌的文本变得清爽利索。如果朗读出来，效果更加明显，形成气势迭出的大气感和自豪感，很好地体现了文案主题。

① 从排比形成的气势感上，我们可以推论出，它首先非常适合政府、企业类的视频文案或解说词，因为这一类客户的需求往往是大气、自信、整齐，排比能很好地实现这一目标。

② 形象片、宣传片等一类虚指多的文案也需要排比。原因在于，虚写的内容投放到屏幕上，如果没有韵律带节奏，更容易让观众看得云里雾里、不知所云。而一旦用排比带起节奏，就会如同诗歌一般美妙。如某高校的招生宣传片："未来，是历史的延续，是无边的想象，是无知，是求是的勇气，是可以到达的远方，是可以实现的梦……"数个"是"带起节奏感，让观众在流淌的音乐里流畅地体验各个专业的特色。

③ 排比句可以起到优化结构的作用，视频中可以考虑用排比句串联全篇。例如某大学的宣传片："在某大是一种怎样的体验？在某大当一只猫是一种怎样的体验？在某大搬砖搞学术是一种怎样的体验？在某大加入社团是一种怎么样的体验？……"每一个排比句均带起相关画面内容，字幕与画面的结合共同完成叙事和氛围营造。

（2）对偶与对仗

对偶与对仗是相似的手法，一般用字数相等或相似、结构类同、语义相近或相对的语句表达相反或相关的意思，对仗要求更为严格，在对偶的基础上上下句同一结构位置的词语必须词性一致，平仄相对。它们形成的语感类似于中国传统的对联，起到升华语义的作用以及创造整齐、对称的仪式感。

对偶与对仗特有的古朴、抒情性质，让语句增添凝练与大气。当其与排比融合运用，更会产生诽迭而出的语势。如某城市宣传片："山河相拥，因水而兴；建城蓟燕，三千年前；五朝古都，八百年间；岁月绵延，水木诗篇；四海相望，时空相连。"全部都为四字词语，对偶＋排比的句式让整个文案简洁凝练、光华熠熠。视频文案创作中，对偶与对仗可进行灵活应用，不必太过执着格式。

用现代诗的语感替代传统对联式开篇

一些多年从事电视行业的前辈习惯用对联式的开篇，即开始先不进入正题，先像说书一样说两句或四句提联，对全篇内容进行提示或者统摄。比如春节短片的开篇：

"春潮传喜讯，鼠岁报佳音。日月复开元，天地万象新！"

这种手法来源于传统文学，在形式上具有美感，在作用上可以领起全篇。

随着时代的变迁和观众审美喜好的流变，传统艺术也在不断变革。视频因其与大众的紧密性，属于革新速度比较快的艺术品种，一些创作手法也在不断调整方向，以符合和引领新的审美潮流。

传统的对联式开篇胜在凝重大气，有时却稍显刻板。我们可尝试把传统思维转换为现代思维，用现代诗的语感词句替代传统对联式开篇。比如：

"一缕酒香，穿越千年岁月，将与健康理念碰撞出怎样的传奇？

一杯果酒，凝结历史与现代，又会衍生出什么样的精彩？"

这是一个酒厂宣传片的开篇，这两句放在片头之前，起到统领全篇的作用。这种写法借鉴了现代诗，不讲究字数的相同，也没有严格的对仗工整，但依然具有对偶的韵律美感。

2.16.3 顺着语感创造连绵起伏的韵律节奏

中国的传统文化里有许多观点烙刻着鲜明的特色和智慧。我们强调顺势而为，喜欢柔中带刚，如水墨画里的线条流畅自如，连绵起伏的远山、转圜圆润的物件，无不像流水一样自然。

视频文案也是如此，如果像射出去的箭一样直奔目标固然简洁，但行文之中少了抑扬顿挫的美感，也难凸显我们要表达的要点。如何运用语言的奇妙去创造韵律，如何与自然规律融为一体，如何根据画面等既有元素顺势而为，这是韵律感产生的关键。

在写作中，我们常提到一个词"语感"。"语感"指的文章或文案特有的气质感觉。当练习到一定程度，每个人都会形成自己独特的语感。同时，不同类型的文案有各自不同的韵法规律。结合二者使用，我们在写文案时就会有一种类似直觉的感觉，创造自己的节奏和韵律。这个方法没有捷径，只能依靠多听、多读、多看、多写，在长期的浸润中习得。就如同武术的初级爱好者，开始时打出的拳法常常是生涩失当的，但经过练习熟稔之后，动作便会转圜自如、流畅自然。

"小细美"

在创作中，我们常常提到"抓细节""以小见大"。细节为何吸引人？又如何才能"以小见大"呢？这涉及视频创作历史上的审美变迁，以及观众的收视心理变化。当我们拉长时间线，以时间的尺度来观察这种变化，就会更深入地明了当下的选择。

2.17.1　从宏大叙事到具象表达的变迁

中国电视发展初期，较长一段时间都处于宏大叙事模板中，比如早期出现的纪录片《话说长江》《话说运河》等。从国家层面入手，以俯瞰的姿态解读历史与人文，偏爱宏大叙事，这反映了当时的人民渴望了解国家大事和祖国山川风物概貌的心愿。

20世纪90年代，一部《望长城》的出现，悄悄改变了审美潮流的走向。纪录片《望长城》从名字上看虽然还是有鲜明的宏大叙事烙印，但在创作手法上开始大胆采用同期声、细节描写、人物塑造，将电视审美潮流引向具象表达的方向。从20世纪90年代到21世纪初是这一类创作的井喷时期，比如《英与白》《沙与海》《最后的山神》等，这些杰出的作品均从具体人物出发，大量运用细节来推动叙事，从而达到以小见大的目的。值得注意的是，这些作品多倾向于对人性的挖掘，以及对人类学的思考，展现出独特的作家气质。

进入 21 世纪后，随着视频创作门槛的降低，创作视频不再是电视台的专长，许多普通个人也开始了创作，大大小小的影视制作公司更是如雨后春笋般不断崛起，视频的门类也越来越丰富。

随着时间的推移，视频创作也与观众的审美慢慢进行着融合，折中原来两极化的追求，最终形成如今较为成熟的和符合国情的创作模式：既有对宏观叙事、家国情怀的定位，又有对具象表达手法的把握，满足当下观众的群体性需求。比如 2017 年播出的《航拍中国》，以空中视角俯瞰中国各地的历史人文景观、自然地理风貌及经济社会发展，全景式的角度看上去特别符合宏大叙事的特点，但在具体手法上却从未脱离具象表达，用一个个鲜活的景象、事物展示独特与新奇，细节表达无处不在，创造出很好的欣赏效果。

纵观当下受到欢迎的各类视频模式，结合人们的审美喜好，可以总结出适合我们研究和创作的方向，笔者将它总结为一句顺口溜：有上有下，从小到大；以点带面，升华自然。"上"即家国情怀的宏大高度；"下"即接地气儿的人物和事件；"小"即细节；"大"即细节反映的大事件、大环境、大人文。关于"大"的层面我们在"立情怀"章节中已经有所剖析，本节我们重点分析"小"，也就是细节的抓取和运用。

2.17.2　转变"高大上"，利用"小细美"

尽管转变在发生，但仍有很多惯性在持续，许多文案创作者还是更喜欢从宏大的视角入手。从上文的分析中，我们可以得出结论：并没有孰是孰非，二者并不是非要二选一，更多程度上它们是相互融合、相互成就的关系。但在具体的表达上，我们还是提倡多用细节，用具体的事物替代抽象概念，用鲜活的事例替代长篇大论，将以往习惯性的"高大上"转变为沉淀下来的细致与美好。

请体会这样两种写法的区别，第一种是"高大上"：

"坐落在美丽的黄海之滨，日照因'日出初光先照而得名'。龙山文化定义着她几千年的历史，海洋文化拓展着她不可限量的未来。蓝天、碧海、金沙滩，生活在这里的人民自由而惬意，舒展而幸福。"

第二种是"小细美"：

"日照的第一缕阳光是有声音的。当初升的太阳在海面上洒下点点金光，阳光海岸绿道两侧响起优美的音乐，和着浪花冲刷海滩的动听，海鸥清脆地鸣叫着展翅盘旋，绿道上已经轻轻巧巧落了许多晨练的人影。"

对比之下可以看出，第一种"高大上"的写法并非不好，但相比于放在开头作为切入点，它更适合放在中后段用于内容的升华点睛。同时也可以看出，宏观、抽象的概述较难引起人们的注意，难以留下深刻印象；而具象的描述却更容易深入人心，让人一见难忘。

细节为什么更能给人深刻印象呢？因为细节是更贴近生活、贴近我们自身的直观事物，我们更容易理解和产生代入感，更容易勾起相关的记忆，自然也就更容易被接纳。

有人会质疑：细小的描写会不会流于表象，难以刻画出本质？具象的表达会不会陷于无意义的铺排，浪费篇幅和时间？

细节不代表无意义。相反，经过慎重挑选的细节和人物因其典型性而更具代表性。在"讲故事"一节中，我们曾经剖析人们为什么喜欢故事，其中一个很重要的原因就是故事具有细节,而细节更容易引起人们的注意、打动人心、给人留下深刻印象。

2.17.3 如何运用"小细美"

在这里,"小"代表接地气儿的事物,"细"代表细节,"美"代表打动人心的美感。也就是说,在视频文案写作中,要尽量多地挖掘接地气儿的东西,用细节叙事,在这些细小中寻找美感。以下分享几个实战经验。

(1)贴近生活,贴近人物

新闻工作提倡"三贴近":贴近实际、贴近生活、贴近群众,这是创作方法的导向,更是对工作态度的要求。在视频文案创作中,我们也一定要贴近生活、贴近人物。

所谓"贴近",就是不游离、不刻意拔高,用平视和一体化的眼光看待事情。"贴近生活",就是人在生活中,脚扎在泥土中说话。观察镜头下的社会万象,用切身体验来写活生生的文案,切忌闭门造车,用一堆报告、材料整理归纳出一篇文案。"贴近人物"就是要与你的主人公在一起,从他的视角出发看问题,不要带着高高在上或者"与我无关"的姿态肆意点评。

带着"贴近"的姿态搞创作,不仅有利于打造出优秀的作品,更是对创作本身和生活本身的敬畏与理解。

实例 2-38

人物描写切忌套路式的拔高

有一个视频的主人公是位大学老师,主题是表现他的教学成果、敬业精神。初稿是这样的风格：

"她爱岗敬业，因勤奋和汗水而成为师生的楷模。多少个日日夜夜，她舍小家顾大家，用自己的心血换来了学校教学事业的快速发展。"

可想而知，这种坐在办公室就能造出来的套路式语句并不受欢迎。经过调研和采访，修改后的风格是这样的：

"她强调竞赛的时候'身上所有的东西都是尺子，''食指距离杯沿一点五厘米，那么这（食指）就是你的尺子。'她分享着教授专业的一个个经验，同学们评价说，哪怕是学习再不好，上某老师的课也没有学不会的。"

以生活代替套路，以细节代替概括，视频因此而落地生根，具有了可看、可信的力度。

（2）抓细节

在前文中，我们曾提出："如何让视频好看？"答案是讲故事。那么，如何让故事好看呢？答案就是抓细节。进一步讲，细节不只是故事的内容，它有时也会反包故事，一个细节就像一滴水一样迅速映照出一个世界。

实例 2-39

如何用细节体现人物特征

我们常说，要看一个人的本性，不要看他说了什么，而要看他做了什么。在视频中，除了具体的动作和事件，还有一样东西非常能够反映人物特点，那就是细节。举几个例子：

一双粗糙的手，常可表现这个人的辛苦和操劳；

一副厚厚的眼镜，常用来体现人物的好学；

一件破旧的大衣，可能展示着主人公的朴素或者不拘小节；

人物在接受采访时的磕磕巴巴，可能恰恰是他淳朴性格的体现……

所以，在调研的过程中，要特别注意捕捉这些不起眼的细节，一个特写镜头就可能胜过千言万语的描述，而且真实可信。

（3）接地气儿

除非是工作汇报片，大多数的视频是面向普通大众的，语言表达的接地气儿非常重要。你要表达物价涨了，不要用一堆专业术语，要用人民群众听得懂的话。例如，"萝卜比上星期涨了1块钱"就比"发生了通货膨胀"更容易让人接受。所以，从这一点也可以推导出，在文案写作中，文笔的追求是次要的，表达的准确才更重要。

实例 2-40

越是形而上的话题越需要下沉表达

所谓下沉表达，一是让内容生活化，二是让语言接地气儿。写作者要扎实地站在大地上说话，而不是飘在空中演讲。有许多视频带有较高的立意，形而上的意图较多，这种情况下越发要注意接地气儿，要把大道理讲得通俗易懂。

有一个残疾青年在村里开设书屋的短片，立意上涵盖生命的意义、文化对人的教化等，都是比较"向上"的话题。这种情况下，如果强行解说意图就走入末流了，最好是用下沉的细节和故事来推进阐释。

该片开篇是这样的：

【解说】2013年春节刚过，我们去日照市的西草坡村探望一位老朋友。

【同期】叔叔过年好……（打招呼）

【解说】周飞是村子里有名的"文化人儿"，书读得最多，还建立了这个书屋供乡亲们看书。

【同期】记者："过了年，这么早就有来看书的了。"

周飞母亲："有，初一就有。他们那是看茶叶的，快采茶叶的时候了，好快打药了，看看能需要什么药。"

【解说】我们今天来是为了另外一个喜讯，周飞的自传《轮椅上的飞翔》由人民出版社出版了，这本书得到了茅盾文学奖获得者毕飞宇和著名作家赵德发的推荐，中国新闻出版报社编委冯文礼、著名歌手郑智化分别为其作序。

周飞病倒的时候还只是个初中生，他从未想过这辈子会和两样东西结下不解之缘，一个是轮椅，一个是书。

这段表达就像闲聊，如同跟一个朋友介绍另一个朋友。但举重若轻的表达实则是下了功夫的，一是对语言力求下沉落地，没有咬文嚼字，没有引经据典，没有辞藻堆砌，像在墙根下拉呱一样舒服闲适；二是闲聊中的信息量尽可能大，在有限时间里带出周飞身份（配合画面）、书屋对农民的影响、新书出版、社会各界的关注支持以及对正文的引领。

越要输送"高大上"的价值观，就越要注意手法的落地扎实。因为有高度的内容不容易被人很快吸收，如果硬性传播只会适得其反；而用细节来代替概述，就有了四两拨千斤的力道，因其与观众的亲近性而易被接受。

扫码看视频 8：
短纪录片《轮椅上的飞翔》

（4）既纤细又朴实的思维习性

纤细，指的是创作者要有细腻的观察能力，心细如发，能够发现别人发现不了的东西，体察别人难以领悟的感情。做到这一点并不是天生的，要对镜头下的人物产生浓厚的情感，对社会、自然产生深厚的情感，才能在日积月累中磨炼出来。试想，我们是不是对自己亲人的需求总是格外关心和敏感？要把自己面对的人物当成亲人，把面对的社会当成自己的家，才能练出体贴入微的本领。

朴实，则是指淳朴的表达定位，不矫情、不无病呻吟、不过度引申。要做到这一点，就要时刻记得自己是百姓的代言人，是自然和社会的代言人。有了使命感和责任感，沉甸甸的分量自然会帮我们挤掉虚浮的水分，留下朴素正气的表达。

　　纤细与朴实有时会产生矛盾，因为纤细的思维容易引起过度抒情，过度抒情就会远离朴素的标准。因此，在二者之间找到平衡和交融点就很有必要。

有抓手

视频是一门综合艺术，这不仅体现在包含元素众多，还体现在作用于观众的渠道不一，也就是说，让观众达成理解的方式也是综合的。本节所讲"抓手"，是指观众的视线和理解需要有"落脚点"，抽象表达需要载体，题材要找到与现实的接点。

2.18.1　观众需要视线"落脚点"　表达需要具象载体

视频与普通文章不同，它既有画面又有声音，同时作用于观众的视觉和听觉。因为具有画面的便利，许多其他艺术体裁无法表达的具象内容在视频中得到了实现。也因为如此，视频天然承担了一份责任：给观众展示具体的东西，文字讲述要有画面载体。

打个比方，以文字性的散文表现春天的景象，尽可以肆意描摹、天马行空地联想；但如果化为视频展现，画面就要配以与文字相称的图像，有些文字也要根据画面进行调整和修改。也就是说，视频要让观众的视觉有个"落脚点"。解说词说"春意盎然"，画面最好配以鲜花盛开或者轻风拂柳，鲜花和柳叶就是"落脚点"，也可以称为"抓手"，意即抓住观众视线和思维的具象物体。

这种时候，文案脚本就要考虑什么样的"抓手"更符合解说词的需求，甚至提升解说词的表意程度？因为画面与声音是相互配合、相互生发的关系，视频的魅力不单单是因为元素多，更是因为这些元素之间的相得益彰的效果。就如上文所说关于春天的描写，纯以文字当然有文字的妙处，但修改为解说词后再配以恰当画面，给观众带来的视觉冲击和审美享受会更加直观和强烈，因而受到观众的欢迎。

当然，这只是一个浅显的例子。更多时候，这种"抓手"有更大的重要性。解说词因为语言的性质，多承担抽象、概括事物以及引起联想的作用。如何引起联想？不是单靠文字，而是靠文字与画面的巧妙组合。比如，表现一个孩子的淳朴、辛劳和让人同情，解说词可以说："小花自出生13年来，从来没有离开过这个镇的范围，除了上学，其他时间都是在照顾奶奶和打猪草喂猪。"这里，解说词体现出概括的能力，但仅凭这几句话很难引起观众共鸣。这时，画面上除了应解说需要有照顾奶奶和劳动的镜头，可以设计几个看似与解说无关、但能体现主题的画面，比如小花打猪草归来，看着自己的同学由父亲载着去集市；记者把买的礼物塞给她，小花手足无措地拒绝着。这些画面就起到了"落脚点"和"抓手"的作用，它们让观众在宏观了解事实的基础上，微观"亲眼"见证了事实的存在，还有画外音之外的别样理解。

找"抓手"这项工作，在历史类或者追溯类的视频中更为常见和必要。因为时间的关系，很多事物已经不可再现，这时就特别需要有"抓手"来稳住观众的视线和心神，防止出现观众对解说词云里雾里难以理解的情况。

半个世纪前的事件如何再现

日照是一座美丽的海滨小城，因地处南北交界处，素有"南方的北方，北方的南方"之称。独特的地理和气候因素也启发着人们创新的需求，从20世纪五六十年代开始，日照陆续开始"南茶北移"工程，也就是将南方的绿茶移植到当地。要为这个题材做电视节目，展现一段历史事件，单靠地方志上的文字记载是远远不够的，看不到、够不着的东西对观众来说不具有吸引力。这时，就需要找"抓手"。

第一，事件要着落在人的身上，要有一个主人公来领起和推进视频。人就是第一"抓手"。我们寻找到的主人公是"南茶北引"时的一个技术员，年过六旬的他一直躬耕在绿茶领域，十分符合我们的需求。

第二，人的行动也需要"抓手"。因为视频表现的事件都已经湮灭在时间长河中，单凭采访和解说词是难以唤起直观感受的，也难以让观众入戏。所以，在这些行动中就需要一个又一个物件来承载这个功能。为什么用物件？因为物件是能够承受时间冲刷的，是可以保留下来的。比如：

"这本小册子是薄子宝的珍藏。20世纪70年代，为了让乡亲们更容易把握茶叶知识，当技术员的薄子宝奋笔疾书，用了两个上午的时间把专家们的指导编写成这部种茶四字经，以通俗易懂的形式推广开来。"

从这段文字可以知道，视频画面展现的是一本小册子，它所承担的功能就是让那段历史有一个看得见的载体,再辅以解说词,让观众根据小册子展开联想和想象，在脑海中复原事件的原貌。

2.18.2　运用抓手的经验分享

除了上例中所提到的"要找到一个主人公"作为主要"抓手"，再分享几个运用"抓手"的小窍门。

（1）善用"这一个"

比较如下两种表达：

"黑如漆、亮如镜、薄如纸、硬如瓷，黑陶被称为四千年地球文明的精致制作。"

"这件黑如漆、亮如镜、薄如纸、硬如瓷的器皿名为黑陶，它被称为四千年地球文明的精致制作。"

哪一种表达更舒服呢？明显是第二种。因为"这件"两个字的出现，不仅让叙述具有了娓娓道来的气质，更重要的是让观众一下把视线和注意力集中到了画面上的那件黑陶作品，"这个"就如同视频的秤砣和定心丸。

当然，在实际应用中，可能是"这一个"，也可能是"这一件、这一双、这一条……"它们具有强烈的指向作用，起到拉住和稳定观众心神的作用。

（2）搜集与主题相关的物件、记录、遗址

在进行调研的时候，要特别注意搜集能拍到的具体东西，比如老物件、

老照片、资料、事件曾发生的遗址等。这些都是观众在听故事时的视觉落脚点和联想生发地。

有时候，与视频相关的东西都没有留存，那要怎么找到抓手呢？这时候就要打破固定思维，去想有哪些东西是一定能够留下的？随着时间的淘洗，东西会消失，但天空还是那片天空，大地还是那片大地，还有许多东西留存在人们的记忆里。天、地、记忆，这些就是一定还有的留存。

如何理解呢？打个比方，要做一个历史人物的视频，关于人物的所有东西都没有了，故居没有了，遗物没有了，后代也找不到了。但是只要知道他在哪里生活过，我们就能够找到这个"抓手"。可以是这样的：

"记者所站的地方，正是牌坊五百年前的所在地，因为战火和时代变迁，如今已经成为这条高速公路的穿行要地。"在这里，没有任何遗迹，但是地方还是这个地方，画面和解说一配合，观众自然会脑补牌坊当年的样子。

再比如，做一个人物的生平短片，虽然人物在，但因为条件所限，他小时候没有任何照片、物件留下。如果要表现他的小时候，要怎么办呢？可以是这样的：

"18年前的夏天，也是今天这样的一个晴天，刘悦不会想到那天会成为他生命的转折点。"画面配的是空镜——晴空。给观众这样一个"抓手"，他们的想象力就有了依凭，理解就有了载体，没有原物也可以表达得生动而深刻。

（3）"额外"信息的加入

我们用"抓手"的目的是让观众视线有着落、理解有载体，同时起着"提神"的作用。在有些叙事中，可以尝试打破常规方法，加一点"料"，让故事在落到实处的同时别有意味。比如：

"李运国每次在家里拉二胡，一定要坐这把已经有些破旧的竹椅，还一定要坐到门口。"这是一个表现农民拉二胡的视频，本来这几处细节与他的技艺并无关联，但是一旦展现出来，就立马让观众有了代入感，屏幕里摸不着的主人公仿佛成了我们身边的人，让人很快进入情境。

"张大爷没有像以前那样走前门，他避开人多的马路，一个人提着马扎来到了广场。"这是描写一位老人晚年生活的视频，一句"没有像以前那样"提示了这是一次与众不同的出门，似乎与主题无关，但可以用这种"制造意外"方法提醒观众注意接下来的情节。

（4）找到现实的接点

有时候，我们看某些视频很难入脑入心，视频里面的故事仿佛离我们很远，这有可能是犯了自说自话的毛病，与现实失去了联结。打个比方，有些历史类的视频容易抛弃现实空谈历史，这不仅削减了作品力度，也割裂了与现实、与观众的关系。所以，我们在写文案的时候，首先要思索它与现实的接点在哪里？直白地来说，你所做的视频，与如今活生生的人们有什么关系？观众为什么要看你？只有对现实有指导和观照意义，或者能够引起观众切身感受，才能把观众留下来。

举例来说，要表现一件古董，可能就要想到它在今天的价值，或者古董的鉴定窍门；要表现一个历史人物，就要思考他的行事作风对今天的我们有什么指导意义；要表现一次科学实验，就要想实验能够改变我们生活的哪些方面；要表现一次打官司的过程，就要让观众理解维护正义对现实的重要性……总之，我们"所展示的"并不是我们的目的，我们"想让观众体会到的"才是真正的目标。而实现这个目标的桥梁就是视频内容与现实的接点。

在寻找和塑造接点的时候，要特别注意接点的容纳力。每一个接点并不是一句话、一个解释那样简单，它一定要经受得起考验，有让观众联想和思考的空间。每一个接点还要能够打开，也就是如果再往细里讲，这些接点本身就是一个故事体系。

实例 2-42

一所百年小学的现实意义

如为一所具有百年历史的乡村小学做视频。初时搜集到的材料大多是小学的创建历史，其中最突出的特点就是它在当时革命根据地被举全区之力创办，并输送了不少革命人才。

如果单纯表现一段历史，无非是一段追忆和一份崇敬，但可以给今天的人们带去什么呢？观众收看后能收获什么呢？带着这份思考，重新进行构思，找到了一个具有现实意义的接点：教育。

这所小学在百年前创建的时候十分简陋，革命根据地的先辈们举全区之力提供条件、招收老师，当地百姓对能读书的娃娃充满了尊敬，对兴办小学十分支持。正是因为对教育的重视，小学培养出了一批又一批人才；再上升一层，正是因为当时人们对教育的执着追求，才孕育了胜利的当时和多年后的今天。教育的意义贯通古今，它一直是人类文明进步的阶梯。在条件艰苦的过去如此，和平安宁的今天又何尝不是如此呢？过去哪怕吃不上饭，老百姓也愿意把孩子送去学堂，今天我们的生活已经有了质的飞跃，更不能让教育贫困的现象再度发生。这就是视频所找到的现实接点。

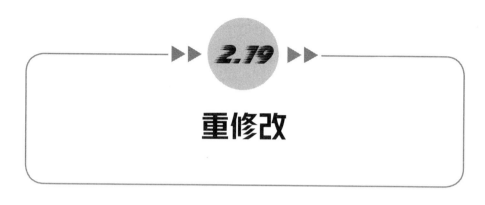

2.19

重修改

不论是写文章还是写文案，不论环节多还是少，有一道工序是必不可少的，且有着非常重要的地位，那就是：修改。

2.19.1　好稿子都是改出来的

有些文字工作者是不喜欢改文章的，尤其是当自己一气呵成、气贯长虹地表达完之后，甚至在别人提出批评意见时，会不服气、不想改。此时作者的心理大概有这样几种："我为了写这篇文章，下了非常多的功夫，别人单凭看几眼如何能看出好坏呢""我感觉自己灵感迸发，效果奇佳，我相信自己就是最好的""我自己的作品，不容许别人随意指指点点，尤其是外行人。"

但说到底，文章写出来毕竟是给人看的，尤其是视频文案，不仅要给团队同事看，还要给客户看、给观众看，他们不一定是内行专家，也不一定会抱着同情理解的初衷，但是他们就是观众，就是我们要直接面对的受众群体。观众的批评理所当然。为了赢得观众和客户的首肯，也为了避免多余的麻烦，最好的做法就是自己先改，反复改，好好改。

我们常说一句话："好文章都是改出来的"。有人会质疑，好文章难道不是天赐灵感加才华横溢，如泉水般喷涌而出的吗？字斟句酌的内容还能灵动得起来吗？毫不客气地说，总以为文章像流水一样倾泻而出的想法，阻碍了很多人写作能力的更进一步提升。诚然，我们不需像贾岛那样"两句三年得，一吟双泪流"，也不需要为了个别字句徘徊不前，甚至我们在完成第一稿时确实可以任由想法流淌。但我们必须要回头改，不止一遍地改。我们需要的是反复打磨原稿，力求将一块璞玉打造成精品。当你放弃心中的芥蒂，反复修改上两遍之后，你就会惊叹原来自己还能写出这样好的文章。

2.19.2 修改文案的方外之法

在进入修改的程序之前，需要先为修改创造一个良好的外部环境，以及了解在什么阶段改比较合适。

（1）找导师，找朋友

在修改这一步骤中，自己当然也是可以独立完成的。但俗话说得好："三人行必有我师"；又有言："旁观者清，当局才迷。"请别人帮忙看，可能会看到自己不容易看到的问题，会帮助扫除思维盲区。

最简单也是最重要的方法就是找导师，或者找朋友。不论是写文章还是为人处事，找到一个可以指导自己的老师是很重要的。你可以当他／她为榜样，在模仿中加快成长的脚步；也可以随时进行请教，获得在平辈中人很难得到的教诲和经验。除了导师，便是朋友。知己不在多，能坦诚相待即可，可以不用顾忌情面等因素直指问题所在，良师诤友大概如此。

在视频创作中，我们也有比较独特的方法。有的文案写成之后，有经验的作者会找家中文化水平最低的人来看，比如给没读过多少书的奶奶看或读给她听。如果奶奶说好，那就是真的好。为什么呢？因为视频文案最终是面向大众的，而大众的文化水平参差不齐，就如同木桶理论一样，我们要将就最短的板块。如果能让目标范围内的最低层次的观众都能看懂，那么，这篇文案就算成功了。

（2）隔上几天回头看

这个方法比较适合独自修改的时候。当写完一篇文案，马上从头再看一遍，恐怕是看不出多少问题的，因为当下的思路还维持在一个固定水准上，较难突破提升。但是如果隔几天再来看，就会突然发现当时没注意到的问题，想到当时没想到的方法和灵感。这是为什么呢？因为经过一段时间的沉淀和接触了其他事物之后，思维离开既定的方向，有了新的发现和"搭建"。

再者说来，隔上几天后创作的激情就慢慢平复了，同时对稿件"护犊子"一样不愿意改动的想法也慢慢冷静了下来。此时会更客观地看待自己的稿件，产生类似旁观者的视角。

2.19.3　改哪里，怎么改

修改不是漫无边际的，可以通过不断地实践慢慢找到自己的方法和节奏。这里分享几个小经验。

（1）哪里绊住了你的热情

虽然文章创作之初不是像瀑布一样一泻千里而写成，但成文之后却需像江河一样滔滔浩荡，不能有滞涩阻碍之感。要达到这个境界，就要反复打磨，慢慢修改。这里的小诀窍就是：一边读一边感觉，问问自己"哪里的热情不通畅"？

我们在本章第6节讲了热爱对创作的重要性。在写作中，文章就像是冬天生的火炉，炉子完好、烟囱通畅，这炉火才旺盛，热情才会源源不断地倾泻而出。不妨反复读几遍自己的文案，感觉哪里热情不通了？哪里有断沟或者裂痕了？情绪不通畅的地方，一般逻辑上就存在问题。把问题找出来，像掏炉子一样把它弄通畅，这文章的火就烧起来了。

注意，读的时候最好是出声朗读，模仿作品将要成型的配音形式，在脑海中映现成品视频的样子，以此感观最为有效。

（2）找到独一无二的那一个

在"巧立意"一节，我们曾讲到立意需要准确，最好能用一个词来概括主题。这个要领不仅适用立意，它可普及到文案创作的所有方面，即"找到独一无二的那一个"。

① **搭建最适合的结构**。初稿以总－分－总的格式写完，检查却发现过于呆板，不如以开放式的结局——在修改环节，结构是可以调整的，而且是最先调整的部分。纲举才能目张，结构适合才能带动内容表达。

② **修改为最舒服的文风**。初稿时带着的某种情绪，可能在检查时却发现并不合适。比如写政府企业汇报片，初写时一片激情，写完却发觉应该更沉稳严肃。这时就需要对文风进行矫正。文风语感的矫正并不难，有时可能是一个语气词，也可能是设问句改为陈述句，想象自己由一种身份

转换为另一种身份就好。

③ **找到最恰当的那个词。**大到立意，小到一个词句，都应该有最准确的那一个用法。看看女孩们的口红色号，一种红色就有上百种不同，更不用说一个事物有多少种相近的表达了。正如女生们知道在上百种红色中找到最适合自己的那一款一样，写作者也应该有这样的精神去寻找和捕捉最适合此时此地的那一个词。

（3）开头和结尾是最值得修改的地方

文章写作讲究"凤头豹尾"。开头或点明主旨，或抓人心神，是全篇最重要的关节，没有之一。我们在"快开头"一节中就已指出，最好的方法就是"把最精彩的放在开头"。这份精彩，有可能是素材本身的突出，更多的时候需要靠作者进行提炼、提升、点亮。可以说，开头是最能体现作者功力的地方，花费最多的力气进行修改并不浪费。

结尾是全篇的落脚点，也是整个视频的总结和提升、展望。从观看习惯上来说，观众不一定能认真看视频里的每一个细节，但是开头和结尾是引人注目的，也是最能体现全篇思想的地方。所以，对结尾也要与开头一样重视，让这两个部分成为整个篇章最优秀的地方。

第 **3** 章

案例解析

前两章是对视频文案横切面的剖析，第3章将通过透视一个完整的文案创作实例来清晰创作的步骤和要点。下面以短纪录片《消失的涛雒圩子》为具体案例，希望能从更为实用的角度诠释视频文案的创作过程。

涛雒是一个滨海的小镇，历史悠久，古迹众多，是著名物理学家丁肇中的祖居所在地。这个小镇在历史上是盐务政府所在地，后因其码头和渔盐惠利而在清末民初成为繁荣的商埠。

据知情人介绍，涛雒原本有城墙，当地称呼"圩子"，这对于一个小镇来说是不可思议的，因为在我们的常识里，只有南京、西安这样的大城市才会有城墙，而涛雒不仅曾有城墙，它的城墙还是按照大城市的标准建造的。

这个城墙保护的是什么？又为什么消失了？这成为本片创作的牵引动力。

第一步：如何掌握尽量丰富的资料

笔者接触到这个选题的时候，仅仅知晓它在清末民初曾经有过一段城墙的历史。前往实地考察，旧址已经全然消失。如何复现一段消失的历史就成了考虑的头号问题。其实，不但是没有实据的历史，任何纪录类的选题都应该考虑的第一个维度是：如何占有尽量丰富的支撑材料。

对于这段没有影像记录的城墙，笔者首先想到的是采访。采访对象主要指向当地有记忆的老人（通过记忆复现）、文化学者（从历史和文化角度介绍）。在采访过程中，偶然得知有一位老人如今还是北京大学的历史系教授，更是意外之喜，因为他综合了三个角度的优势：有个人记忆、有历史学高度、有思乡情怀。这里要注意，思乡情怀不见得对考证历史有帮助，但是对打动观众、增添视频的感情色彩大有帮助。于是，三片的采访人物大致分为三类：有记忆的当地老人（丁禧元、李宗岩、丁宽祥、吴家申）；文化学者（田文阁、申华）；历史学家（张传玺）。

为了掌握更为准确翔实的资料，地方志等文字记载材料不可或缺。同时，笔者从文化学者和张传玺教授处得到了较丰富的历史记述和回忆材料。从历史记载和学者记述中，笔者找出了本片的要点和骨架。

第二步：结合史实和采访确立主题思想

许多人面对历史类创作容易分不清题材和主题，因为历史类选题看上去只需要复原和再现历史，似乎没有多少创作空间。事实上，这样的想法是错误的。哪怕是最忠实于事实的纪录片，它的主题也是创作者思想的体现，不会有完全再现的历史一说。

涛雒圩子是一段城墙，也是一段消失的历史。因其历史的闪光性，进行清晰的复原是不可缺少的，这是一条主线。但这段圩子的历史是比较庞杂的，涉及的面也比较广，比如经济、历史、军事、政治等，如何捋出一条既能客观再现史实，又能巧妙体现主创意图的主线，就成为掌握资料后的头等大事。

在立意方面，切忌循规蹈矩，需要大胆发散思维。对于圩子被拆除这件事，当时所有材料一致的反映基本围绕这样几个点：人为的破坏，人们对文物古迹的尊重和保护力度不够，遗憾。如果仅仅表达司空见惯的对文物损坏的遗憾，那这个片子就对不起工作人员上山下海的拍摄努力，以及众多老人的期望。

笔者另辟蹊径，考虑：为什么不从反方向来思考呢？圩子的破坏，难道就没有好的方面吗？或者，它的消失有没有历史的合理性？能否让我们跳出批判的视角来看待这件事情?

这个思考的过程非常重要。其实只要打开脑洞，就一定会发现寻常思路发现不了的问题。圩子的消失，是因为它不再被需要了，因为一个和平的时代和强大的国家，胜过固若金汤的城墙。从这个立意出发，本片不仅拉升了高度，更与现实有了接点，从一个回忆类的视频变成现实类的视频，也就更加接地气儿。

第三步：如何运用表现手法

内容有了，主题定了，接下来要做的就是确定它的实现方法。

我们在前面的章节曾经提到过，视频中元素的多样化是非常重要的。除了常规的拍摄、采访，我们还可以采取哪些手法让视频看起来更顺眼、表达更充分呢?

这里要注意：手法不在于多，在于合适。我们强调元素的多样化，并不是为了多样而多样，而是尽可能寻找符合表达的多种手法，以免单调和表达不充分。

在团队的共同创意下，我们首先请动画创作组制作了一个三维动画。因为这段城墙有明确的文字记载和介绍，可以作为动画创作的蓝本。三维动画可以让观众直观地了解城墙曾经的模样。

三维动画出来的效果还是不错的，但动画的制作成本太高了，本片还有大量需要复原的旧时场景，不能完全依赖动画。团队又想到了绘画。经过联系，有一位画师愿意手绘我们需要的场景，比如码头运货、海上风帆等，这让原本只有历史文字的讲述立马有了表现载体，观众的视线也有了落脚点和依凭。

另外还有二维动画模拟航线等，多种手法不一而足。

第四步：文案写法的梳理和确定

在掌握了资料（包括动画和绘图等后期创作资料）、确定了主线以后，文案如何写得顺畅、写出精彩就成为主要工作。

首先，视频文案不是纯文字，它的写作更像是一种搭建，也就是把已掌握的各类材料恰当地组合到一起，产生预期中的蒙太奇效应。

经过对所掌握资料的分析及斟酌考虑，笔者确定采用"解说词+采访"的模式，其中，因采访内容的多样和鲜活，采访成为重头戏，视频很多部分都是采访+采访，不同人物的话语相互碰撞，就像在接力讲同一个故事一样。熟悉视频创作的朋友应该知道，这些采访都是在不同时间、不同地点完成的，但因为都有共同的基础和话题，经过精心剪辑，可以产生对话的效果。这是蒙太奇运用的一种，也是视频的特色之一。

模式确立之后，就要考虑文风。因为是历史类题材，本着对历史文化的尊重，解说口吻要端正素雅，文笔则力求简洁明快、克制内敛。

本片的结尾采用张传玺教授采访中的一段。这是一段关于他幼时的回忆，在他充满感情的缓缓描述中，结尾余韵悠长，给人留下遐想和思考的空间。

以下为文案全文（其中，宋体字为解说词，楷体字为采访内容，为方便阅读去掉了对音乐、特效的标注）：

上了年纪的老人们都记得，涛雒原本是有城墙的，土话叫作"圩子"。如今，涛雒圩子已经连一块石头都找不见了，我们回头望去，它和它曾经所保护的东西却越发清晰地闪耀起来。

（镜头：涛雒四通八达的街道、村民、街景特写）

（出片名：消失的涛雒圩子）

今年86岁的张传玺教授住在北京的蓝旗营，保健医生告诉他最好不要再离开北京。得知我们要采访关于涛雒的旧事，张教授在镜头前一谈就是两三个小时，这样的讲述进行了三个下午。

听说家乡涛雒的圩子要重建，张教授高兴地一口气画下了这张涛雒平面图，隔了半个多世纪，儿时记忆里的那些街道、商铺依然历历在目，宛在眼前。

（镜头：北京，张传玺教授在家里）

采访张传玺：涛雒呢，从东门到西门，就这一条线呢，就东西它是长的，南北它是短的。它要是按照圆形来画的话，是个椭圆。

（镜头：洪秀全、太平天国图、老资料）

19世纪中后期，太平天国起义军正与清军进行生死决战。各地趁势而起的土匪、流寇不计其数，治安环境十分恶劣。

1860年，涛雒人丁守存从湖北督粮道的任上，奉旨回乡办团练，他敏锐地意识到了家乡涛雒面临的危险，极力动员大家修城墙以自保。

（资料图片等）

采访张传玺：人心惶惶，有的要躲到海里边去，躲到船上，有的跑到磴山。他就提出要修个圩子，把大家保护起来。来了敌人，一般的敌人可以打。一开始大家不愿意费那个事。（如果）你又没修起来，土匪再来了怎么办？如果你修起来了，他一来了怎么办？他呢还是发动大家，有些商店愿意拿钱，商号。他也拿了部分钱，就推动。后来把这个城大概修了三个多月，修起来了，就是涛雒圩子。

（画面：涛雒旧景，老建筑等）

涛雒圩子周长1600米，两层楼高，两面用大石砌平。设门五座，东"观海"，西"望岱"，南迎"朝阳"，北沐"奎光"，外加一个水门。顶上宽四米有余，设炮楼十座。平时有人登城远望警戒。城外是宽约十米的护城河。张传玺教授在他著述的《涛雒旧事》中这样写道：内为咸淡水，有鲫鱼、狗胱鱼、小虾等。有人用三角网捕鱼，也有垂钓为乐者。

（涛雒圩子的三维复原动画演示，护城河）

同期声：

丁宽祥：通着海这里。从正东那个海岔子过来水，一涨潮就到了这一溜，一个整圈，整个地把它，潮水全部围起来。退潮的时候都退出去。

采访张传玺：我们这个城墙是按照万里长城的那种修建方法，那个墙非常结实，它那个底座三丈宽，一般的炮打，要是用平射炮什么的打，把涛雒的城墙摧毁很难。城墙上有十个炮楼，炮楼都有房子，冬天在里边生火，下边都有射击口。总体上这个城墙设计得是很科学。

为了更加明确涛雒圩子的模样，我们访问了几位涛雒的老人。出人意料的是，这些80岁左右的老人和张教授一样有着出色的记忆力。

（镜头：编导在桥上和丁禧元交谈）

采访丁禧元：在我这个印象里就像高楼大厦一样。上边，你反正从外边看，还得这样，眼还得向上看。上边都是一些围墙垛口，围墙垛口都是这样……里边还有枪眼，都使白石灰勾的砖缝。顶上是砖的，底下是石头的。

采访张传玺：涛雒这个圩子，在日照非常出名，有一个民谣叫："涛雒圩子夹仓炮，牟家小庄子瞎胡闹"。就是说涛雒的圩子好，夹仓的炮好。

夹仓是距离涛雒不远的另外一个村落，如今，安定富庶的生活气息早已将那场残酷的杀戮深深埋进历史当中。吴家申老人有时会来看看这几块残存的昭忠碑。

（夹仓，昭忠碑）

自 1860 年开始，一支打着农民起义旗号、实则打家劫舍的队伍垂涎涛雒财富，两次攻打涛雒，因为圩子的异常坚固和当地军民的一致抗击而没有得逞。1861 年的初秋，第二次进攻失败的六天之后，心有不甘的他们转而攻打离涛雒不远、同为一方商埠的夹仓，屠杀士民三百多人，一个村庄几近覆灭。

采访吴家申：最后，这里有个翰林，把报告打到上边去，朝廷里下达指示旌表，为了表彰这些人，叫做昭忠，使碑文记载下来的。

（镜头：昭忠碑）

采访文化学者田文阁：所以涛雒和夹仓这个圩子破或不破，对这两个地方的历史、一方水土影响太大了，直接改变了这个地方的历史，改变了命运。

（采访画面）

从丁守存留下的《涛雒筑圩记》里，我们还能依稀看到战况的惨烈和涛雒的幸运：自秋迄冬，捻逆驰逐海滨者数月，竟以照境为战场。官军追蹑以次歼除，附涛数十村居人咸倚此圩，以永保无恙亦为人也。

采访田文阁：所以涛雒的商气也罢，涛雒的文气也罢，涛雒的人气也罢，丁守存修涛雒圩子，功莫大焉。

（采访画面）

涛雒，因涨潮时波涛汹涌，潮退则流水洛洛，而得此名。它位于黄海之滨的山东日照南部，这里有史料记载的历史已经超过两千年。

（大海，渔船等空镜）

采访文化志愿者申华：从汉朝开始这个地方就设立了盐官，就开始晒盐，我们涛雒晒盐晒了两千年。

采访张传玺：所以涛雒自古以来就是和县城并列，县城是行政，涛雒是盐的行政所在地。

（采访画面）

这个十字街口如今是著名物理学家丁肇中祖居的坐标点，而过去却是当年涛雒圩子的中心，也涛雒盐场衙门所在地。

（十字街口、丁肇中祖居画面）

采访张传玺：因为他（它）是政府所在地，什么政府呢？盐业政府。他（它）应该有土圩子。所以我就推测，是推测，涛雒应该在丁守存之前已经有了土圩子，有了基础。

（采访画面）

受惠于鱼盐之利，涛雒自古以来就是一个繁荣的商埠，而因为有一个重要的涛雒码头，更将这种繁荣在清末民初推到了高峰。

采访申华：它历史上的繁华超出我们现在的想象。比如说，我举个例子，我们涛雒古城当中过去铺的石条，据说商业繁荣的时候，这个石条，推的木轮车都能把石条当中压出车辄辘印。

采访丁禧元：都这么宽的石条，石条的当中都有一个槽子了。

采访张传玺：这个车子一起来，就要一块推，吱吱吱吱，前边歇息放下了，后面的都歇，再起来一推，车子成队，从东门外一直推到涛雒（码头），一直推到（入）海口，那得有多少车子。

（手绘图复原当年码头的场景）

这些小推车日夜不停地往涛雒码头上运送货物，主要是本地的花生和咸猪肉，经由船队南下运往上海、宁波、广州，北上大连、天津甚至日本和朝鲜西海岸，返航时运回布匹、茶叶、糖类等产品。那时涛雒的许多大户都有自己的船队和商号。

（二维动画演示航线）

采访张传玺：五个桅杆的船叫五号樯，五号樯的船跑上海。桅杆过年都贴着对联，贴着："大将军八面威风"。那个帆拉上去，在海里边，五个帆晃晃晃，跑上海。商店总部设在涛雒，分号设在上海，设在北京。

采访李宗岩：光商号有几百座。那个时候在涛雒说是落户口不容易，也没地方落，拥挤。

采访张传玺：就是涛雒周围村子的那些人，一到了涛雒，就像一下子，哎呀，这是涛雒街？到了大地方，就像我们到了青岛、到了济南那种感觉。

采访李宗岩：做夜饭的，做买卖的，头一波，卖到12点，12点以后卖到天明。赌钱的，看牌的，打麻将的，捞宝的……哈哈地（很热闹，当地方言），晚上。高兴庙岭上有个老和尚，大年夜里一看，涛雒街，锃明，它那个城墙遮着，灯光上上去了。那个老和尚说，涛雒街气脉还有啊……到那么个档口（程度）。

（采访画面）

百年风华，烙在了涛雒人世代流淌的血脉当中。而涛雒圩子保护的不仅是这些令人眩目的财富和繁荣，更有一村老老少少的性命安全。

1927年春天，桃花刚刚绽上枝头，一支6000多名的土匪队伍在攻破安东卫后来到涛雒城下。

交谈同期声：

田文阁：天后宫都住满了。

丁宽祥：全都围起来。围起来以后，他们都带着红兜兜。

田文阁：说是刀枪不入。

丁宽祥：贴着符子，说是刀枪不入，拿着大刀。谈判也没谈成，以后丁惟顺就在西门的北边那里，朝着一个，他不是匣子枪嘛，一枪就打倒了。

田文阁：就破了他刀枪不入的神话了。

丁宽祥：然后他就吆喝了，下了命令了，他是队长，所有的团丁就围着这个围墙都开枪了。大概那个时候打死了，光这个西南角上就好几十个，将近百人。

田文阁：但是如果要是破了涛雒圩子，那就是烧杀抢掠，就是来抢的。

（对应画面）

对这些七八十岁的老人们来说，涛雒圩子给他们最深的记忆还是日军侵华时期。

采访李宗岩：鬼子来那会，我才三四岁啊。都逃荒了，各人奔亲奔友。

因为得知涛雒圩子易守难攻，日军决定将涛雒作为日照的一个重要据点，在小队长岩间的率领下进驻涛雒，各大商号纷纷外逃。涛雒圩子第一次也是唯一一次从保护百姓的城堡变成隔断希望的牢笼。

（碉堡旧址）

1945年，日军战败撤走。为了不让敌人再次战据涛雒，我们决定拆除圩子的炮楼等军用设施。

进入和平年代，人们再不用惧怕匪患，涛雒圩子也渐渐失去了它的功用。随着时间的推移，那原本宏伟的城墙也抵不过零打碎敲的拆除。至文革结束，涛雒圩子已基本不见踪影。

采访丁禧元：没有那个古味了。本来涛雒是个古镇，比较文明的商业古镇，就是没有这个古味了……

采访申华：到我们见的时候，我们没见过个城墙，但是这个情结到现在为止，依然深深地印在涛雒人心里。大家伙说，南甸那个村附近就是南

案例 第3章
解析

门外了，东门外了，西门外了。（就是说已经没有那个围墙了，还是这么叫）还是这么叫，到现在为止还是这么叫。

（采访画面）

如今，涛雒这片土地上正在兴建"国际海洋城"，一个现代化的特色城区已近在眼前，而有不少人更是从中看到了恢复涛雒古城、发展旅游业的美好前景。

采访申华：赶在这样一个建设和发展的年段（代）里，我们想，那些记忆也不能忘记，因为它毕竟是历史的一个组成部分。展望未来，我们想有朝一日复原起来。还原一个记忆，还原一段历史，给子孙后代们一个创业的机会。

（采访画面）

也许，对那些念念不忘涛雒圩子的老人来说，这也是最好的回答。

采访张传玺：小的时候晚上不愿意睡觉，让大人讲故事。比如叫我姐姐，"姐姐你讲个"。在我们那讲故事叫拉呱。"你拉个呱听听。"就不睡觉。哎，城墙就打更了，就"啪"，和打梆子一样。"梆"，再一会"梆"。一更了，起更了，从西门开始打，两个人（更夫）做伴围着城墙转，大概转到什么时候呢，那个香烧到多么一块了，就开始打二更，"梆梆，梆梆"。再一会就三更，打四更就"梆梆，梆梆"，一直打到四更，打到四更快完了，天亮了。不打五更……

（月亮、古建筑等空镜，出片尾字幕）

扫码看视频9：

短纪录片《消失的涛雒圩子》

参考文献

[1] 徐舫州，李智．电视写作 [M]．北京：中国传媒大学出版社，2017.

[2] 头号玩家．零基础玩转短视频 [M]．天津：天津科学技术出版社，2020:7.

[3] 陈国钦．纪录片解析 [M]．上海：复旦大学出版社，2007:15,16.

[4] 任立民．文案策划：宣传片角逐的秘密武器 [M]．武汉：华中科技大学出版社，2019:167.

[5] 尼尔·波兹曼．娱乐至死·童年的消逝 [M]．章艳，吴燕莛，译．桂林：广西师范大学出版社，2009:6.

[6] 王笠耘．小说创作十戒 [M]．北京：中国文联出版公司，1986:4.

[7] 斯蒂芬·盖斯．微习惯 [M]．桂君，译．后浪出版公司·江西人民出版社，2016.

[8] 斯科特·派克．少有人走的路 [M]．北京：中华工商联合出版社，2019.

[9] 路西·乔·帕拉迪诺．注意力曲线 [M]．苗娜，译．北京：中国人民大学出版社，2009.

[10] 莫提默·J. 艾德勒，查尔斯·范多伦．如何阅读一本书 [M]．郝明义，朱衣，译．北京：商务印书馆，2018.

[11] 西格蒙德·弗洛伊德．弗洛伊德蓝皮书 [M]．郑和生，译．长春：吉林出版集团，2018.

[12] 罗伯特·麦基．故事 [M]．周铁东，译．天津：天津人民出版社，2016:5,29.

[13] 刘慈欣．三体 [M]．重庆：重庆出版社，2008.

[14] 冯友兰．中国哲学简史 [M]．北京：北京大学出版社，2013:271.

[15] 纳西姆·尼古拉斯·塔勒布．反脆弱 [M]．雨珂，译．北京：中信出版社，2014.

[16] 池昌海．现代汉语语法修辞教程 [M]．杭州：浙江大学出版社，2002.